名人家风

任兴勇 主编

中国言实出版社

图书在版编目(CIP)数据

名人家风 / 任兴勇主编 . -- 北京 : 中国言实出版
社 , 2021.12
ISBN 978-7-5171-3981-2

Ⅰ . ①名… Ⅱ . ①任… Ⅲ . ①家庭道德—中国—通俗
读物 Ⅳ . ① B823.1-49

中国版本图书馆 CIP 数据核字 (2021) 第 269114 号

名人家风

总 监 制：朱艳华
责任编辑：王蕙子
责任校对：罗　慧

出版发行：中国言实出版社
　　　　　地　址：北京市朝阳区北苑路180号加利大厦5号楼105室
　　　　　邮　编：100101
　　　　　编辑部：北京市海淀区花园路6号院B座6层
　　　　　邮　编：100088
　　　　　电　话：64924853（总编室）　64924716（发行部）
　　　　　网　址：www.zgyscbs.cn　E-mail：zgyscbs@263.net

经　　销：新华书店
印　　刷：杭州长命印刷有限公司
版　　次：2022年1月第1版　　2022年1月第1次印刷
规　　格：889毫米×1194毫米　1/32　6.5印张
字　　数：150千字

定　　价：50.00元
书　　号：ISBN 978-7-5171-3981-2

目 录

序

家风作伴好传家

钱旭东

家风作为中华民族传统美德的现代传承，是我们每一个中华儿女立身做人的行为准则。党的十八大以来，习近平总书记反复强调要注重家庭，注重家教，注重家风，并指出："家风好，就能家道兴盛、和顺美满；家风差，难免殃及子孙、贻害社会。"

本书是"用家书连接历史，以家训传承文明"的精华篇什，也是具有情感力量的家族体验之妙悟，更是沉甸甸的智慧"传家宝"。对于传统"家文化"出现断层的当下，它无疑成了精神的奢侈品。

家书家训作为中华文化的特殊现象，萌生于汉魏，发展于唐宋，成熟于明清，正因其家国情怀与个体幸福的统一，美德滋养与自我修行的相融，方得使家族兴盛不衰，后代人才辈出，故可谓"润物细无声"的"基因密码"。

古往今来，家书家训俨然已成为一座家文化的宝库，本书编者匠心独运地采撷了三个不同历史阶段、不同家族的家书家训案例，或附背景小故事，不仅寓有深意，又使之更接地气，实用好读。

第一个版块是当下。作为中国家居流通业龙头红星美凯龙的掌门人、致力于家文化建设践行者的车建新，自创业始即以勤劳、正直、智慧、挑战的车氏家训为精神动力，并在多年工作生活体验中，同周围人不断分享他原汁原味的"爱家格言"。他曾在一篇《从有到有》的文章里写道："我从来就不是一无所有""我其实是一个富二代"。他说，父母让他继承分享的精神红利，就是让他终身受用并有无限涨幅的本钱。

上溯清末民初的变乱之际，一代雄杰梁启超多以宏文峻论问世，然蕴于家书之中的人格节操、性格趣味，及对子女的温情爱护言溢于纸。读者既可见一位立体的梁任公，更能从他皆成才俊的五子四女身上，寻找今天"三观"培养的积极途径，在焦虑与浮躁中重拾信念。

钱氏家族，自吴越王钱镠起，历朝状元、进士众多，宋明清时代，著名学者及政治家、文学家涌现无数，近代至今，钱氏人才更呈"井喷"之势，特别还有多位"父子档"精英人物。

自然，这些在本书中均可寻觅踪迹、细细体味。

高更有幅名画，《我们从哪里来？我们是什么？我们到哪里去？》我想这西方油画家的诘问，人生价值感、认同感、归属感的答案，恰恰都可以在东方文化的家书家训里找到。作家乔良说："家书与家训，是理解中国人心灵世界和处世方式的最佳秘径……千百年来，文章无数，唯家书能直达人心，唯家训可香火不绝。"

家庭是人生的第一课堂，家风就是家教形成的门风，良好的家风作为整体氛围的熏陶，对家族兴旺能起到决定性作用。尽管本书所选编的古今贤人宝贵的精神遗产只是沧海之一粟，却可浓缩成我们每个家庭用心研习的成长宝典。

家书抵万金，家风如春风。家风作伴好传家。

是为序。

2021·夏至

（作者系红星美凯龙集团首席文学官、长三角商业创新研究院家文化研究所所长）

车氏家训

前言

车建新

我车家祖上本在扬州。从我爷爷上溯 5 代的先辈，一副担子挑着 3 个孩子，从扬州迁徙到常州金坛水北群星村，安家落户。

我爷爷 40 岁那年，得了重风寒，那个时候在落后的农村是治不好的。爷爷临终的前一夜，爷爷奶奶、姑姑和爸爸，四个人抱头痛哭了三个多小时。这是我们车家史上最悲惨的一天，但也是车家走向兴旺的开始。

爷爷去世时，我爸爸车炳大才 9 岁，姑姑车双大 7 岁，奶奶成了寡妇。那时候，寡妇是村里的香饽饽，不少光棍男人打奶奶的主意，在房前屋后转。有些得不到奶奶心思的，怀恨在心，就变着法子捉弄奶奶和孩子，搞得鸡犬不宁。奶奶被逼无奈改嫁到宜兴，但对方不准孩子跟过去。我父亲和姑姑无依无靠，兄妹二人相依为命。

没有退路的时候人就不会后退，没有靠山的时候自己就会成长为靠山。父亲9岁放牛、割草，担水、做饭，12岁在建筑工地上做小工、学徒。由于没有爹娘，没有任何依靠，只能靠加倍的勤劳、极度的节俭，还有正直的为人，坚强地活着。

幸而天作之合，又遇到我母亲——一个更加勤劳、俭朴的贤良女性。我母亲12岁时外婆去世，家有5个妹妹，最小的才1岁。母亲是老大，幼小的肩上扛起了持家的重担，既要做家务，又要下地干活。为艰苦的环境所迫，她从小就养成了吃苦耐劳、勤勉、倔强的性格。

母亲生前不知疲厌，终日劳作。家中七亩多地她居然一个人包揽。每天天不亮就起床，下地干活。每次肩上的担子从来不空，下地时担一担猪灰带去做肥料，回来时再担回庄稼。她总是天黑才收工回家做饭，饭后还要做针线活，每天只能睡六七个小时，几十年都如此。

母亲特别节俭，有次我回家看她，她身患癌症还在田里撒麦种。那时我已是万元户了，买了四毛钱的豆腐，母亲还责怪我太浪费了，说买两毛钱的就够了。她常教育我们说"算计不好一世穷""吃西北风也要到门口去吃"；每年农忙时我回家帮工，她坚决不让，只叫我到师傅家去帮活。她顶着40度的高温，烈日下一个人给七亩地的庄稼喷农药，日积月累，农药侵害到身体，母亲患上食道贲门癌。加之常年劳累过度，她就硬生生累死了，年仅48岁。

父亲为家庭也是倾心倾力，一直出远门在常州、镇江等地做瓦工、项目经理。记得小时候父亲给我买了32本英雄传记的连环画，点燃了我的英雄情结。有次我看《十万个为什么》，父亲看到后表扬了我，大大激发了我的学习劲头；父亲总是天不亮就起床上工地，我们都入睡才回到宿舍，风里来雨里去，辛劳了一辈子，积劳成疾。加之落后的农村从没有测量高血压的习惯，导致他55岁因脑溢血中风，之后与病魔抗争了13年，68岁因第二次脑溢血去世。

我的母亲和父亲为家庭作出了牺牲，他们用一生的艰苦奋斗、正直为人和生活节俭凝结成"勤劳、正直、俭朴"的家族精神，成为车氏家族第一代的创业者，为第二代的创业打下了精神基础。

正是由于我的父母——车氏第一代创业者车炳大、蒋龙英他们终身践行的"勤劳、正直、俭朴"的家族精神，言传身教，传到了我本人和陈淑红（车建芳和徐国峰、车建国和张建芳、车建林和钱永梅、车国新和陈文佳）这一代，让我们成为精神的"富二代"。我本人更深感责任之重，努力将家族精神发扬光大、开花结果，做出了一点事业。

回望车氏两代人走过的路，艰难困苦、玉汝于成，创业殊为不易。为此，特制定《车氏家训》，是希望我们车家代代子孙不忘本、不忘根，秉承家族传统，继往开来，把家族的精神和财富传承下去，做精神的"富二代"。今后，车氏每一代人都要用自己的勤奋和智慧为家族作出更大的贡献，来回报车家第一代创业者的奉献和牺牲。同时，也要为社会多作贡献，为中华文明传承与创新作贡献，为社会的科技进步、人类文明作贡献，光宗耀祖，作为对第一代创业者的缅怀和报恩。

（作者系红星美凯龙董事长）

车氏家训

先辈蒋龙英，终生勤劳，俭朴持家，崇尚知识，为家庭、为后代作出了牺牲；先辈车炳大，一生勤勉作事，正直为人。二老开创的车氏家风、祖德，是我们家族兴旺之源、子孙成材之根、事业发达之本，可以说，他们是红星美凯龙的精神源头、创业奠基人。

我们要继承先辈留下的美德，学习先辈的创业精神，并作为传家宝发扬光大，永续传之于后代，以保障我们的事业常青！

我们谨铭记车氏家训，并身体力行：

1. 孝敬父母长辈，视有事业心、上进心为最大孝心。
2. 勤劳、正直、智慧、挑战。
3. 诚实、用心、勇敢、节制。
4. 热情，精神饱满，保持良好的情绪。
5. 胸怀大志，脚踏实地，追求智慧，力争第一。
6. 热爱祖国，贡献家庭，贡献社会。
7. 珍视健康，养成良好的生活习惯。
8. 培养好下一代是我们的责任，视子女不思进取、没有事业心为堕落和可耻。

9. 自信不自傲，谦虚不自卑。相信世界上最优秀的人和自己是一样的。

10. 在他人面前心中无我，独自面对自己时心中才有我。

11. 跌倒了再爬起来，面对挫折，坚信还有机会，还能成功！

12. 先付出，乐于助人。多为别人着想，注重别人的感受，从内心尊重他人。

13. 真诚待人，以真诚团结合作伙伴，以真诚赢得大众的支持。

14. 善于交友，与素质高的人为友，向所有学问比自己高、经验比自己丰富的人学习。

15. 参加工作后，每天坚持至少读书学习一小时。

16. 注重近期目标，抓住今天的成功，规划好长远目标。

17. 善于学习别人的长处，善于从他人的错误中吸取教训，体验别人的体验，勇于接受批评。

18. 珍惜时间，先做重要而紧急的事情，做好重要而不紧急的事。

立训人：车建新、车建国、车建林、车建芳、车国新

车氏治家格言

1. 水不是一天变干净的，孩子不是一天变坏的，婚姻不是一天变差的，人才不是一天成长起来的。

2. 平时天天想一蹴而就成功发财，就叫急功近利；如果天天想多花精力做好每件事，自然实至名归。

3. 你今天的样子肯定是你昨天努力的结果，你明天的样子，则是你今天所选择的结果。

4. 平时不把明后天明后年的事放到今天做，永远都处处被动、拖拖拉拉。总把事情往前拉，成功就提前到来了；如果总把事情往后拖，那就把自己的未来也拖掉了。

5. 平时不看伟人传记、不崇拜英雄，人生就缺乏斗志和勇气，就不能把血肉之躯变为精神之躯。

6. 梦想是发布人的理想，不是吹牛皮，是人的一种信仰。只有不断拼博努力，不断取得业绩，不断追求智慧，才会实现初心的梦想。取上得中，取中得下，取下得下下。

7. 从小，我就觉得自己是个有用的人，从没想过做事情会输给别人，别人能干好我也能干好。记得我当年盖商场的时候根本就没有钱，账上只有 100 万，实际却需要 1000 万，但我从没想过这房子会盖不起来，一下子思路就打开了。

8. 平时不为家、为自己立功、立德，人生就缺乏源动力。

9. 讲一个故事：一匹母马生下一对双胞胎小马，两匹小马很快长大可以独立生活了。有一天，被称为哥哥的马毅然走出村子，跟随一位主人去西天取经；但马弟弟却舍不得离开家园，决定留下来拉磨。十年过去了，马哥哥行走了十万八千里终于取成真经，披红戴绿衣锦还乡。马弟弟非常不服气：这十年来我终日在一个屋子里转着拉磨，一步也没少走，累得疲惫不堪，你却得到那么大的荣誉……于是终日纠结在哀怨之中。出发点决定了人生的未来，选择决定了人生的高度。

10. 鹰在鸡群里待久了，便会变得和鸡没有两样，只有让它回到自己的世界里，它才能找回本真的自己。这其实也是设定的问题，你把它设定为鹰，它就是鹰；你一旦把它设定为鸡，那它就永远是鸡了。

11. 情感有天生的，也有后天培养的。我刚开始只是为谋生，看到母亲太辛苦，就想挣钱，为家庭分忧。在不断坚持中对工作就产生了兴趣，进而产生了情感。

12. 父亲对我说过两句话：做你喜欢的事；不要急功近利。

13. 人要敢闯，敢做，敢学新技能，我母亲说，西北风也要到门口去吃。

14. 当年我们家分的田很偏远，但我母亲不争不抢，很大度。母亲每天总是乐呵呵地去田里干活。她有个特点，就是每一趟去田里总不让担子空着，去时将猪灰带去做肥料，回来时正好担回田里的庄稼或土块。她有一句名言："算计不好一世穷。"母亲的巧干加实干一直是照亮我创业之路的明灯。

15. 对父母孝敬，对同事真诚，对朋友付出，坚持正义，对工作热爱并努力，为家庭立功争光，才是父母的好孩子，才会得到社会认同。

16. 现在许多人对孩子的关爱远超过对父母的孝顺，小孩皮肤嫩，有奶香味，可爱；而父母老了，有皱纹，有白发，还有气味，便不愿亲近，这是完全错误的。我们既要享受自身作为父母的快乐，更要与自己的父母多亲近、多互动，为父母洗头、敲背、拉手、拥抱，多为父母买礼物、烧饭，和父母一起旅游、看电影，体验各种丰富的生活，才能算是个孝敬的好儿女，今后自己的儿女自然也会向你学习。

17. 不懂得报父母的恩，就不会对同事、对朋友真诚，也不会对公司负责任，就是社会的危险分子，会被社会所唾弃。

18. 一天没学习，一天没思考什么有价值的东西，智慧也就流失掉了。一天没拉一下妻子的手，没抚摸一下孩子的头，没为父母捶一下背，没为父母做一件事，亲情就慢慢流失了。

19. 有一个年轻人一心想见到真佛，于是决定离开母亲远走他乡去求佛，却一直没有找到他心中苦苦追求的佛。后来有高人指点说，你回去吧，在回乡的路上，在投宿无门的深夜，如果谁能单衣赤脚为你开门，那就是你的佛。结果小伙子很失望，走了一路敲了三十三家门，都没有为他赤脚开门的。最后在风雨之夜的绝望中，他走到了自己家门口，没想到门开了，年迈的母亲赤着脚外衣都没披在等儿子归来——母亲，你就是我的活佛啊！这一刻，儿子终于明白了。

20. 联想起我的母亲，当年我在外做木匠，但每年两次农忙时是要回家干活的。可母亲总不让我替家里干农活，而是逼我去学艺的师傅家务农——我的手艺是学成了，可母亲却累倒、累死了，她这种奉献的精神，化为了我成长成功的根基。所以我要说，我心中永远的佛，就是我伟大的母亲！

21. 母以子贵，我们只有干出业绩，立功立德，才是孝顺的好儿女，才能让母亲为我们骄傲。

22. 现在很多孩子在狗身上花了大量时间，却不愿意在父母及老人身上花时间，因为父母老了不可爱，狗活泼可爱，此乃不孝子孙。

23. 孝为德之本，孝顺，孝就是顺从，孝了你也顺了。另外，孝顺还要即时孝顺。

24. 孝其实不光是付出，也是一种获得。我妈妈爸爸只活到48岁和68岁，现在还有四个姨妈和两个姑姑，我对她们就像对亲生父母一样好，周围有许多人不理解，我说首先孝顺是我的本分，替爸爸妈妈照顾她们是应该的；二是她们都80岁了，我还希望她们更健康长寿，这样可以提升家族血脉的生命信心；三是我以身作则孝顺长辈，可以让我的儿女小辈得到学习。

25. 全家人要一起吃年夜饭，释放亲情。今年我们刚好又来到海边吃饭，风景很美，吃的海鲜也不错；可以边吃边欣赏春晚节目，回顾一年来的收获，都很有成就感。这种幸福就是有高度、有深度，是立体的，是情境叠加的幸福。

26. 财富不是争来的抢来的，是靠德行积累而来的，有多少德行，就有多少财富。帮助别人、待人友善就是"存钱"，别人的心就是你的银行。伤害别人、欺负别人就是"取钱"，越"取"你的福报越少。古语说"积善之家，必有余庆；积不善之家，必有余殃"，实际上就是"存钱"多了还可以富及子孙，"负债"多了也会殃及后代。

27. 许多人知道要按时睡按时起，可就是做不到，往往双休日一睡大半天；许多人也知道不能吃得油腻、吃得太饱，可就是管不住自己的嘴；工作上许多人也知道要踏实，可就是想得多，做得少，不落地；学习上许多人也知道要多看书，可就是看不进去，在网络、电视、游戏上浪费了太多时间……这些都是缺乏自律的表现。

28. 很多中国的父母从早到晚都忙着教育孩子，指望孩子学习成绩优异，指望孩子有出息，成为精英。而且一代接一代都在如此教育孩子、指望孩子，循环往复。但自己却不努力，却不想自己如何奋斗成功。要知道自己是孩子的榜样和创业的基础，自己学习、努力、成功了，才能耳濡目染地带领孩子共同进步、共同成功。

29. 平时不注重提升勤劳、正直、勇敢、智慧的品质，将来你的孩子一定是"穷二代"。

30. 父母对孩子的爱有两种：一种是弱者的爱，另一种是强者的爱。前者就是溺爱和过度保护，后者是放手和鼓励。

31. 我的父母给我的是强者之爱：我 10 岁煮饭、割草，14 岁挑秧，16 岁上工地，17 岁学木工，每天干 16 个小时，累到下楼梯都没有力气，顺着台阶滑下去，吃早饭时筷子都没有力气拿。我创业的第一个 12 年，每天工作 16 小时；第二个 12 年，每天工作 13 个小时；现在每天工作仍然超过 12 个小时。吃尽苦中苦，方为人上人，先苦后甜，这是强者的爱！

32. 现在许多父母不让孩子吃苦，甚至替孩子吃苦，最终孩子会让父母吃苦，孩子未来会加倍吃苦！这就是弱者的爱。

33. 1986 年我想独自创业时，把想法给父亲说了，父亲虽只是淡淡地讲了句"你已长大了，想做的事情自己作主，创业要靠自己"，可他那充满信任的激励的眼神给了我莫大的动力。特别是 1985 年正式创业前，我用父亲的资金打了一船碗柜和板凳从金坛运到常州花园的市场来卖，结果亏了两百多元。父亲知道后，非但没有责怪我，反而鼓励我说："亏了就亏了，只要多想想。"激励的力量的确是无穷的，不仅我和我的事业在父亲的激励下成长壮大，也从父亲的话里学会了不断地总结与反思，同时我更把激励作为企业管理的重要方法之一。

34. 把家当成一棵树，去练习无条件的爱，真正受益者还是你自己。因为这样你非但不会失望，不会烦恼，反而会拥有更多的爱。在一起，就是无条件，也就是忘我与无私。

35. 夫妻在日常生活中要相互谦让才会和睦，但夫妻恩爱的时候女人也要做主角，敢于释放自我。唯有自己投入真情，才能感染对方，自然也就互相满足，情投意合。

梁氏家训

导读

　　梁任公先生，一代雄杰自有论矣。于世代变乱之际，扫荡积弊衰朽之文风，创领革新奋起之生气。实为中国现代化进程中不可忽略之伟人物也。先生遭逢乱世，王旗变幻，新旧易位，对错之论，岂一人之力能决乎？萧公权先生论之曰："其方法虽变，然其所以爱国者未尝变也。"实中肯之评也！

　　先生一生育有五子四女，皆才俊也。其中思成、思永为中央研究院院士，思礼为中国科学院院士。创此"一门三院士"佳话者，实不负大教育家之称矣。

　　先生素以宏文峻论闻世，然在诸多致子女的家书之中，先生之温情爱护往往多溢于纸。且先生之人格节操、性格趣味，亦以最平实真挚之面目蕴藉其中。今人读之，能不为之动容乎！①

---

①　本章选取书信部分内容有删节。

致李蕙仙书

● 1898 年 10 月 29 日

　　南海师来，得详闻家中近状，并闻卿慷慨从容，辞色不变，绝无怨言，且有壮语。闻之喜慰敬服，斯真不愧为任公闺中良友矣。大人遭此变惊，必增抑郁，惟赖卿善为慰解，代我曲尽子职而已。卿素知大义，此无待余之言，惟望南天叩托而已。令四兄最为可怜，吾与南海师念及之，辄为流涕。此行性命不知何如，受余之累，恩将仇报，真不安也。

　　译局款二万余金存在京城百川通，吾出京时，已全交托令十五兄，想百川通不致赖账。令兄等未知我家所在，无从通信及汇寄银两，卿可时以书告之，需用时即向令兄支取可也。闻家中尚有四百余金，目前想可敷用。吾已写信吴小村先生处，托其代筹矣。所存之银，望常以二百金存于大人处，俾随时可以便用，至要。若全存在卿处，略有不妥，因大人之性情，心中有话，口里每每不肯说出，若欲用钱时，手内无钱，又不欲向卿取，则必生烦恼矣。

　　望切依吾言为盼。卿此时且不必归宁（令十五兄云拟迎卿至湖北），因吾远在外国，大人遭此患难，决不可少承欢之人，吾全以此事奉托矣。卿之与我，非徒如寻常人之匹偶，实算道义肝胆之交，必能不负所托也。

吾在此受彼国政府之保护，其为优礼，饮食起居，一切安便。

张顺不避危难，随我东来，患难相依，亦义仆也。身边小事，有渠料理，方便如常，可告知两大人安心也。

致李蕙仙书

● 1898 年 11 月 26 日

九月二十三日书悉一是。吾在此乃受彼中朝廷之供养，一切丰盛，方便非常，以起居饮食而论，尤胜似家居也。来书问有立足之地，当速来接云云。立足之地何处尤之，在此即无政府之供养，而著书撰报亦必可自给。然卿之来，则有不方便者数事：

一、今在患难之中，断无接妻子来同住，而置父母兄弟于不问之理，若全家接来，则真太费矣，且搬动甚不易也。

二、我辈出而为国效力，以大义论之，所谓匈奴未灭，何以为家。若以眷属自随，殊为不便。且吾数年来行踪之无定，卿已知之矣。在中国时犹如此,况在异域?当无事时犹如此,况在患难?地球五大洲,随处浪游,或为游学,或为办事,必不能常留一处,则家眷居于远地,不如居于近乡矣。

三、此土异服异言,多少不便,卿来亦必不能安居,不如仍在澳也,此吾所以决意不接来也。此间情形及吾心事,具见于大人安禀及二弟书中,可以取观。

来书谓想吾必非一蹶不振之人,然待吾扬眉吐气时不知卿及见否云云。卿本达人,志气不同凡女子,何必作颓唐语乎?此次之变,以寻常理势论之,先生及吾皆应万无生理,而冒此奇险,若有神助,种种出人意外,是岂无故哉。益信天之所以待我者厚,而有以玉成之也。患难之事,古之豪杰无不备尝,惟庸人乃多庸福耳,何可自轻乎?卿固知我,然我愿卿之自此以后,更加壮也。

先生之教,道理极多,吾间未以语卿,卿如有向学之志,盍暇日常与二弟讲论之。卿家居无甚事,经此变后,益当知世俗之荣辱苦乐,富贵贫贱,无甚可喜,无甚可恼,惟有读书穷理,是最快乐事。有时忽有心得,其乐非寻常所可及也。卿盍从事于此乎?若有志则常就二弟及薇君相与讲求,久之,当想吾言之不谬也。

致思顺书

● 1912 年 12 月 5 日

十二、十三号禀皆收。

祖父南归一行，自非得已。然乡居如何可久，且亦今吾常悬悬。望仍以吾前书之意，力请明春北来为要。前托刘子楷带各物，本有虾油、辣椒两篓（津中尤物也，北京无之），后子楷言放在车中恐有气味为人所不喜，故已抽出矣。又小说两部呈祖父消闲，有摹本缎两段，乃赏汝两妹者，人各一套。问思庄何故写信与二叔而不与我。岂至今尚未得闲耶？其外国缎一段则赏汝者也。汝三人将所赏衣服穿起照一像寄我。金器两件赏汝，汝两妹亦各一件，此次汝姊妹所得独多，汝诸弟想气不忿矣。然思成所得《四书》乃最贵之品也。可令其熟诵，明年侍我时，必须能背诵，始不辜此大赉也。吾游曲阜可令山东都督办差，张勋派兵护卫。吾亦极思挈汝行，若国内一年内无乱事，吾又一年内可以不组织内阁，则极思挈汝遍游各省。俾汝一瞻圣迹，但又不欲汝辍学耳。

津村先生肯则诲汝中央银行制度大善大善，惟吾必欲汝稍学宪法行政法，知其大意（宪法所讲比较尤妙），经济学亦必须毕业，而各课皆须于三月前完了。试以商津村何如？经济学吾曾为汝讲生产论，故此可稍略，交通论中之银行货币既有专课尤可略，然则亦易了也。荷丈月入已八百，尚有数部，力邀彼往，其职约当前清之三品京堂。若皆应之则千余金可得。但今者报馆缺彼不可，印刷局在京非彼莫办也。而鼎父至今无着落，汝诸表兄日日来嬲我求差事，小四小八皆不自量，指缺硬索已四五次矣。吾亦无能为助甚矣，人贵自立也。

示娴儿。

饮冰 十二月五日

韩集本欲留读，因濒行曾许汝，故复以赉汝。吾又得一明刻本《李杜全集》字大寸许极可爱，姑以告汝，却不许撒娇来索。思成若解文学则吾他日赏之。

致思顺书
● 1912 年 12 月

顷电汇四千，想先此书达。书言二千者，恐祖父见家费多，或生恼怒也。当告汝母切切不可再投机，若更失败，吾力亦实不逮也。本年不再寄家费，可否？老吴手法实不高妙，汝叔辈不放心用外人，牵率吾夫仍食初九下等之馆子菜，可谓冤极。然权在彼手，吾无如何也。我若反对，将并下等菜亦不给吃矣。我依然不名一钱，财权在汝叔手，吾独奈何！一笑。局面稍定，风波稍平，吾必易名厨，以偿口腹耳。

昨书言今日电四千，因荷丈终日会客，款未取得，明日当电，惟电二千，其二千则票寄也。北江处吾前月曾寄与二百，彼入东京或适得此款时亦未可知，不必深怪彼。故者无失其为故，凡事须为我留地步也（切嘱，切嘱）。岂可令人诮我凉旧者。吾若稍自贬损，月入万金不难，然吾不欲尔。今汝叔主意除两处家用外，欲为我每日储蓄二千，不知究能办到否。听汝叔为之，可也。此间自费有限，一切房租、食用、工钱等，皆报馆数，吾所用惟添置衣物及车马、请客等费耳。可以此告慰汝母。但宜力谏汝母，勿再投机，倘再失败，汝叔不允救济，吾亦无法也。藻孙陕款已交。

此纸不必呈祖父。

来禀称汝母为投机失败，忧心如焚，殊可怪。汝母何至不达如是（吾前书所言凡以戒再举耳）。凭吾之力，必可令

家中无忧饥寒，汝母但专用力教诲汝辈足矣，何必更驰念及
此耶，但此后必当戒断（切勿再贪此区区者），不可更为冯
妇耳。此数日内先后电汇票汇共四千，可敷本年用否，来禀
可详言之（究竟现在未偿之债尚几何，所需总数可详禀汝叔），
此间尚随时可寄。顷汝叔以思成名义存万金于正金（定期预
金防我滥用，汝叔专制极矣），汝叔之意，总欲稍积储以备
不虞也，可持此慰汝母（汝母生日，吾本欲买些物奉寄，前
日亲自出门一次即为此，乃徒为汝买金器、衣料等，竟不得
一物与汝母，汝却借此荫得许多物矣。汝母所要之物，必为
不值钱者，如火锅也，棉烟也，我却无法带来。王姑娘亦未
得一物，汝可问彼所欲，吾明年开河时赏之）。

十三号书悉，两次票汇顷想已到。目前当可敷衍过去，
已与汝叔商，日间再汇千元，本年（指阳历也）当不至匮乏
耶。此间因已存定期一万，不能取出，不然尚可稍多也。告
汝母勿着急，为盼。子楷带去金器各物已收否？金价贱，吾
尚欲为汝置办，可并问汝母欲何物。来喜有所欲，亦可给之。
此纸可勿呈重堂。

十二月

致思顺书

● 1912 年 12 月 16 日

　　十四、十五号禀均收。吾前为汝计学科，竟忘却财政学，可笑之至。且法学一面亦诚不欲太简略（国际法实须一学），似此非再延数月不可，每来复十四小时大不可，吾决不许汝如此。来复日必须休息，且须多游戏运动。（可与诸师商，每来复最多勿过十时。因自修尚费多时也，可述吾意告之，必须听言，切勿着急。）从前在大同学校以功课多致病，吾至今犹以为戚。万不容再蹈覆辙，吾在此已习安，绝无不便。汝叔沪行亦未定（此事须俟荷丈一到沪乃定），即行后吾亦能自了，得汝成学，吾愿大慰，诸师既如此相厚，尤不可负。且归后决无从得此良师，今但当以汝卒业为度，不必计。此间请商诸师，若能缩短数月固佳，否则迳如前议至明年九月亦无不可，一言蔽之，则归期以诸师之意定之。汝必须顺承我意，若固欲速以致病是大不孝也。汝须知汝乃吾之命根。吾断不许汝病也。前已合寄四千谓凤遣可耳，何尚需尔许耶？此间已无存（有万金存定期不能取出），本月收入须月杪乃到手，明日只得设法向人挪借，若得当电汇以救急耳。子楷带去各物已收否？祖父想已旋南耶？

　　示娴儿。

饮冰　十二月十六夕

致思顺书

● 1912 年 12 月 18 日

第十六号禀悉，款三千顷往银行借取，明后日当电汇，想先此书达矣。顷见报，知米复大落，不知汝母稍有所获否？此后波澜必仍甚多，然切勿见猎心喜，吾家殆终不能享无汗之金钱也。《庸言报》第一号印一万份，顷已罄，而续定者尚数千，大约明年二三月间，可望至二万份，果尔则家计粗足自给矣（火车站零卖，每册卖五六角，熊秉丈即出六角购一本，到家中硬向我索回三角，谓要赔偿损害，吾将予之兴讼）。若至二万份，年亦仅余五六万金耳，一万份则仅不亏本，盖开销总在五万金内外也。惟此五万金中，我与汝叔薪水居四分之一有奇耳。吾初到时殆一无费用，近则已作地主，酒食之费颇繁，吴厨之菜太不能出台，有客来率皆往外叫菜。其他借贷亦不少，大约每月自费亦数百也。自正月起，月寄家八百便是，告汝母勿忧。

日来频见魏铁丈大快，彼言将用册页写《圣教序》一本赠汝也（彼近年专写张猛龙《圣教序》，郑文公欲合三者自成一家，正与我同。吾爱女之名举国皆知，故交相见者，无不问汝，却无人问思成以下）。铁丈见思成之字大激赏，谓再一二年可以跨灶，思成勉之。崇雨铃之《圣教序》原本，吾已见之，爱不忍释，使非为米所累，此物必归吾家矣。即擎一携来之玻璃影印本之原本也。祖父生日合家所照相，即寄一份来，吾久欲见此，屡次书皆忘写及耳。

汝求学总不必太急，每来复十四小时总嫌太多，多留两三月，绝不关紧要。吾今甚安习，全眷来反嫌吵闹也。

汝母所索物，吾尚能供（本月却真不能），但不识有此物否耳，且今亦无从寄往，汝母待归来自置何如？王姑娘之镯开河第一次船便可得，可先告彼（实则并未冰河，一月来甚暖，不如初至时之寒也）。

祖父归乡后，汝与思成每十日必须寄一安禀往，吾书亦当择寄去（吾题汝日记书共有若干字，可检来当为汝再写一通，又吾诗副本可检寄）。连日为客所困，惫甚。第三号文尚未脱稿也。

示娴儿。

饮冰　十二月十八

致思顺书

● 1912 年 12 月 20 日

得书知添一幼弟，甚喜慰，想母子平安耶？祖父命以何名，想有书在途矣，大版《通鉴》不需汝索，已嘱擎一购寄，非久或将寄至矣。王姑娘赏品必给之，但无便人，恐难寄耳。汝母耳珰，则俟归来自置何如。读报见米价落，疑必小有所获，但兹事总极险，终以戒断为善，可仍常谏汝母也。

吾昨夕因得须磨书，烦躁异常，又见国事不可收拾，种种可愤可恨之事，日接于耳目，肠如洊汤，不能自制。昨夕大雪，荷丈与汝叔皆外出游乐，吾独处不适，狂饮自遣，今宿酒未解，得汝书极慰耳。因思若吾爱女在侧，当能令我忘他事，故念汝不能去怀，昨夕酒后作一短简，今晨视之乃连呼汝名耳，可笑之至，今不复寄，以乱汝意，吾须欲汝侍我，然欲汝成学之心尤切也。几欲东渡月余，谢绝一切，以自苏息也，大抵居此五浊恶世，惟有雍乐之家庭，庶少得退步耳。吾实厌此社会，吾常念居东之乐也。汝求学不可太急，勿贻吾忧。

示娴儿。

饮冰 十二月二十日

前书索全家相片，想已寄出，汝近顷照相否，吾极欲见汝近影。

乡书仍寄艺新否？一禀可加封寄。

致思顺书

● 1913 年 4 月 18 日

吾党败矣。吾心力俱瘁（敌人以暴力及金钱胜我耳），无如此社会何，吾甚悔吾归也（党人多丧气，吾虽为壮语解之，亦复不能自振）。吾复有他种刺心之事，不能为汝告者，吾心绪恶极，仍不能不作报中文字（报却可作乐观，已销万五千份矣，个人生计良得也），为苦乃不可状。执笔两小时乃不成一字（催稿急于星火），顷天将曙，兀兀枯坐而已（汝叔偕荷丈入京，吾独处斗室中）。吾每不适，则呼汝名，聊以自慰，吾本不欲告汝，但写信亦略解吾烦忧也。汝何故数日无书来，何不述家中可喜之事一告我耶？惟汝断不许缘忧我之故而荒学或致病，果尔，是重吾忧也。吾今拟与政治绝缘，欲专从事于社会教育，除用心办报外，更在津设立私立大学，汝毕业归，两事皆可助我矣。若能如此，真如释重负，特恐党人终不许我耳（所谓党人者共和党也。民主鬼吾恨之刺骨）。当失意时更不能相弃也。作今日之中国人安得不受苦，我之地位更无所逃避。诗云："天之沃沃，乐子之无知。"最可羡者，思庄、思达辈耳。

示娴儿。

饮冰 四月十八夕

希哲大约明年入大学为教授。

致思顺书

● 1913 年 4 月 29 日

顷方发一书，旋得第四月十六七号禀，悉一切。德界屋早已定妥，绝非僻远（远则存之，僻则未也，然远亦对今寓言耳），无所杞忧。党事本欲脱卸，然势相迫不能休，真有风利不得泊之感也。顷复允受任，日间又须入都矣。荷丈佛丈前皆极沮吾与闻党事，今亦谓不能脱卸，此无如何也。要之，生为今日之中国人，安得有泰适之望，如我者则更无所逃避矣。佛、荷诸公愤世已极（信未发适得北京电话，今日众议院议长又举不成，大约局面破裂即在目前。汝归来欲入京一游，恐亦未必能也，可叹，可痛），终日相对惟作悲观语，悲不可解，则寄情于游乐，吾三日来未做一正事也。吾当有事可办时，不甚思家，稍闲闷则念汝曹不置，今越三来复即见汝，吾亦至欣想也。顷电三千五百元，想已收。行赀当无缺耶？可省仍宜稍省，大乱若至，衣食亦可虑也。

示娴儿。

饮冰 二十九

仆妇须在此间先雇否，日婢带来后，木器等不必多带，临行时，汝必须挈诸弟往游存处辞行，至要至要。

致思顺书

● 1916 年 1 月 2 日

王姨今晨已安抵沪，幸而今晨到，否则今日必至挨饿。因邻居送饭来者已谢绝也（明日当可举火，今日以面包充饥）。此间对我之消息甚恶，英警署连夜派人来保卫，现决无虞。吾断不致遇险。吾生平所确信，汝等不必为我忧虑。现一步不出门，并不下楼，每日读书甚多，顷方拟著一书名曰《泰西近代思想论》，觉此于中国前途甚有关系，处忧患最是人生幸事，能使人精神振奋，志气强立。两年来所境较安适，而不知不识之间德业已日退，在我犹然，况于汝辈，今复还我忧患生涯，而心境之愉快视前此乃不啻天壤，此亦天之所以玉成汝辈也。使汝辈再处如前数年之境遇者，更阅数年，几何不变为纨绔子哉。此书可寄示汝两弟，且令宝存之。

一月二日

致思顺书

● 1916 年 2 月 8 日

书及禧柬并收，屋有售[买]主，速沽为宜，第求不亏已足，勿计赢也。此著既办，冰泮后即可尽室南来，赁庑数椽，韲盐送日，却是居家真乐。孟子言："生于忧患，死于安乐。"汝辈小小年纪，恰值此数年来无端度虚荣之岁月，真是此生一险运。吾今舍安乐而就忧患，非徒对于国家自践责任，抑亦导汝曹脱险也。吾家十数代清白寒素，此乃最足以自豪者，安而逐腥膻而丧吾所守耶？此次义举虽成，吾亦决不再仕宦，使汝等常长育于寒士之家庭，即授汝等以自立之道也。吾近来心境之佳，乃无伦比，每日约以三四时见客治事，以三四时著述，馀晷则以学书（近专临帖不复摹矣），终日孜孜，而无劳倦，斯亦忧患之赐也。

此书钞示成、永两儿，原纸娴儿保之。

民国五年二月八日

致思成思永书

● 1916 年 6 月 22 日

思成、思永同读：

来禀已悉。新遭祖父之丧，来禀无哀痛语，殊非知礼。汝年幼姑勿责也。汝等能升级固善，不能也不必愤懑。但向果能用功与否，若既竭吾才则于心无愧。若缘怠荒所致，则是自暴自弃，非吾家佳子弟矣。闻汝姊言，汝等颇知习在苦学俭朴，吾心甚慰，宜益图向上。吾再听汝姊考语，以为忧喜也。

民国五年六月二十二日

致思顺书

● 1916 年 10 月 11 日

　　月来季常丈在此同居，所益不少，前游杭游宁，皆备极欢迎，想在报中已见一二。顷决于十五日返港，省奠灵帏，且看察情形，能否卜葬，若未能，则住港两旬必仍返沪，便当北归小住也。写至此，接来禀，悉一切。希哲就外交部职无妨，吾亦托人在国务院为谋一位置，未知如何？领事则须俟外交总长定人乃可商。但做官实易损人格，易习于懒惰于巧滑，终非安身立命之所，吾顷方谋一二教育事业，希哲终须向此方面助我耳。十二舅事，循若复电言运使已允设法，吾亦已电告汝母矣。别纸言《京报》事，可呈汝叔。

　　父示娴儿。

民国五年十月十一日

　　忽然想起来了，据廷灿说，我那晚拿一张纸写满了"我想我的思顺"、"思顺回来看我"等话，不知道他曾否寄给汝看。

致思顺书

● 1919 年 12 月 2 日

得十月二十一日禀，甚喜，总要在社会上常常尽力，才不愧为我之爱儿。人生在世，常要思报社会之恩，因自己地位做得一分是一分，便人人都有事可做了。吾在此作自己，已成六七万言，本拟再住三月，全书可以脱稿，乃振飞接家电，其夫人病重，本已久病，彼不忍舍我言归，故延至今。归思甚切。此间通法文最得力者，莫如振飞，彼若远行，我辈实大不便，只得一齐提前，现已定阳历正月二十二日船期，若阴历正月杪可到家矣。一来复后便往游德国，并及奥、匈、波兰，准阳历正月十五前返巴黎，即往马赛登舟，船在安南停泊，约一两日，但汝切勿来迎，费数日之程，挈带小孩，图十数点钟欢聚，甚无谓也。但望汝一年后必归耳。

父示娴儿。

十二月二日

致思顺书

● 1920 年 7 月 20 日

不寄书已两月余，想汝等极绝望矣。吾日常起居，计思成等当详相告。顷国内私斗方酣，津尚安堵，惟都中已等围城，粮食断绝，兵变屡发（五日来火车、电报、电话皆不通，无从得都中消息）。汝二叔全眷未移，至可悬念，然不出三日，诸事亦当解决矣。吾一切不问，安心读书著书，殊畅适。惟日来避难来津者多，人事稍繁杂耳。

兹有寄林振宗一信，并中国公学纪念印刷品两册（胡适之即在本公学出身者，同学录中有名），可交去并极力鼓其热心，若彼能捐五十万，则我向别方面筹捐更易，吾将以此为终身事业，必能大有造于中国。彼若捐巨款，自必请彼加入董事，自无待言，此外当更用种种方法为之表彰名誉，且令将来学生永永念彼也。汝前信言彼欲回国办矿，若果有此意，吾能与以种种利便。前随我游欧之丁文江任地质调查所所长多年，中国何处有佳矿，应如何办法，情形极熟，但吾辈既无资本，只得秘之，以俟将来耳。又有挚友刘厚生（张季直手下第一健将，曾任农商次长，近三四年与我关系极深，汝或未知其人），注意矿事十年，规模宏远，渠办纺绩业获利数百万，尽投之以探矿，彼誓以将来之钢铁大王自命，所掇得铁矿极多，惜多在安徽境内，倪嗣冲尚在，不敢开办耳。现在拟筹极大资本办铁厂，林君欲独立办矿，或与国内有志者合办，吾皆能为介绍也。可将此意告之，日来直派军人频来要约共事，吾已一概谢绝，惟吴佩孚欲吾为草宪法，上意见书，吾为大局计，亦将有所发表耳。本定本月南下，往江西讲演，现因道梗，一切中止矣。汝姑丈新得一子，汝已知否？

父示娴儿，并问希哲近佳。

七月二十日

致成、永、忠书
● 1922 年 11 月 23 日

前得汝来禀，意思甚好，我因为太忙，始终未谕与汝等。前晚陈老伯请吃饭，开五十年陈酒相与痛饮，我大醉而归。（到南京后惟此一次耳，常日一滴未入口。）翌晨六点半，坐洋车往听欧阳先生讲佛学（吾日日往听），稍感风寒，归而昏睡。张君劢硬说我有病（说非酒病），今日径约第一医院院长来为我检查身体。据言心脏稍有异状，我不觉什么。惟此两日内脑筋似微胀耳。君劢万分关切。吾今夕本在法政专门有两点钟之讲演，君劢适自医生处归，闻我已往（彼已屡次反对我太不惜精力，彼言如此必闹到脑充血云云），仓皇跑到该校，硬将我从讲坛上拉下，痛哭流涕，要我停止讲演一星期，彼并立刻分函各校，将我本星期内（已应许之）讲演，一概停止。且声明非得医生许可后，不准我再讲。我感其诚意，已允除本校常课（每日一点钟）外，暂不多讲矣。彼又干涉我听佛经（本来我听此门功课用脑甚劳），我极舍不得，现姑允彼明晨暂停（但尚未决）一次。其实我并没有什么，不过稍休息亦好耳。因今晚既停讲无事，故写此信与汝等，汝等不必着急，吾自知保养也。

父谕成、永、忠。

民国十一年十一月二十三日

致思顺书

● 1922 年 11 月 26 日——29 日

我的宝贝思顺：

我接到你这封信，异常高兴，因为我也许久不看见你的信了，我不是不想你，却是没有工夫想。四五日前吃醉酒。

你勿惊，我到南京后已经没有吃酒了，这次因陈伯严老伯请吃饭，拿出五十年陈酒来吃，我们又是二十五年不见的老朋友，所以高兴大吃。

你猜我一个月以来做的什么事，我且把我的功课表写给汝看。

每日下午二时至三时在东南大学讲《中国政治思想史》。除来复日停课外，日日如是。

每来复五晚为校中各种学术团体讲演，每次二小时以上。

每来复四晚在法政专门讲演，每次二小时。

每来复二上午为第一中学讲演，每次二小时。

每来复六上午为女子师范讲演，每次二小时。

每来复一、三、五从早上七点半起至九点半，最苦是这一件，因为六点钟就要起来。我自己到支那内学院上课，听欧阳竟无先生讲佛学。

此外各学校或团体之欢迎会等，每来复总有一次以上。

讲演之多既如此，而且讲义都是临时自编，自到南京以来（一个月）所撰约十万字。

张君劢跟着我在此，日日和我闹，说："铁石人也不能如此做。"总想干涉我，但我没有一件能丢得下。

前几天因吃醉酒（那天是来复二晚），明晨坐东洋车往听佛学，更感些风寒，归来大吐，睡了半日。君劢便说我有病，到来复四日我在讲堂下来，君劢请一位外国医生等着诊验我的身体。奇怪，他说我有心脏病，要我把讲演著述一概停止（说我心脏右边大了，又说常人的脉只有什么七十三至，我的脉到了九十至）。我想我身子甚好，一些不觉得什么，我疑心总是君劢造谣言。那天晚上是法政学校讲期，我又去了，君劢在外面吃饭回来，听见大惊，一直跑到该校，从讲堂上硬把我拉下来，自己和学生讲演，说是为国家干涉我。再明日星期五，我照例上东南大学的讲堂，到讲堂门口时，已见有大张通告，说梁先生有病放假，学生都散了，原来又是君劢捣的鬼。他已经立刻写信各校，将我所有讲演都停一星期再说。

以上二十八日写

医生说不准我读书著书构思讲演，不准我吃酒（可以吃茶吃烟）。我的宝贝，你想这种生活我如何能过得。

二十八晚写

神经过敏的张君劢，听了医生的话，天天和我吵闹，说我的生命是四万万人的，不能由我一个人做主，他既已跟着我，他便有代表四万万人监督我的权利和义务。我们现在磋商的条件：

1. 除了本校正功课每日一点钟外，其余讲演一切停止。
2. 除了编《中国政治思想史》讲义，其余文章一切不作。
3. 阳历十二月三十一日以前截止功课，回家休息。
4. 每星期一、三、五之佛学听讲照常上课（此条争论甚烈，君劢现已许我）。
5. 十日后医生诊视说病无加增则照此实行，否则再议。

我想我好好的一个人，吃醉了一顿酒，被这君劢捉着错处（呆头呆脑，书呆子又蛮不讲理），如此其欺负我，你说可气不可气。君劢声势汹汹，他说我不听他的话，他有本事立刻将我驱逐出南京。问他怎么办法？他说他要开一个梁先生保命会，在各校都演说一次，不怕学生不全体签名送我出境。你说可笑不可笑。

我从今日起已履行君劢所定契约了，也好，稍为清闲些。

懒得写了，下回再说。

以上二十九日民国十一年十一月二十九日

致思顺书

● 1923 年 5 月 8 日

宝贝思顺：

你看见今日《晨报》，定要吓坏了。我现在极高兴地告诉你，我们借祖功宗德庇荫，你所最爱的两位弟弟，昨日，从阎王手里把性命争回。我在西山住了差不多一个月，你是知道的，昨日是你二叔生日，又是五七国耻纪念，学生示威游行，那三个淘气精都跟着我进城来了。约摸十一点（午前）时候，思成、思永同坐菲律宾带来的小汽车出门，正出南长街口被一大汽车横撞过来，两个都碰倒在地。思永满面流血，飞跑回家，大家正在惊慌失色，他说快去救二哥罢，二哥碰坏了。等到曹五将思成背到家来，脸上一点血色也没有，两个孩子真勇敢得可爱，思成受如此重伤，忍耐得住，还安慰我们，思永伤亦不轻，还拼命看护他的哥哥。眼睛也几乎定了。思忠看见两个哥哥如此，哇的一声哭起来，几乎晕死。我们那时候不知伤在何处，眼看着更无指望，勉强把心镇定了，赶紧请医生。你三姑丈和七叔乘汽车去（幸我有借来的汽车在门口），差不多一点钟才把医生捉来。出事后约摸二十多分钟，思成渐渐回转过来了，血色也有了，我去拉他的手，他使劲握着我不放，抱着亲我的脸，说道，爹爹啊，你的不孝顺儿子，爹爹妈妈还没有完全把这身体交给我，我便把他毁坏了，你别要想我罢。又说千万不可告诉妈妈。又说姐姐在哪里，我怎样能见他？我那时候心真碎了，只得勉强说，不要紧，不许着急。但我看见他脸上回转过来，实在亦已经放心许多。我心里想，只要拾回性命，便残废也甘心。后来医生到了，全身检视一番，腹部以上丝毫无伤，只是左腿断了，随即将装载病人的汽车开来，送往医院。初时大家忙着招呼思成，不甚留心思永何如。思永自己说没有伤，跟着看护他哥哥。后来思永也睡倒了，我们又担心他不知伤着哪里，把他一齐送到医院检查。啊啊！真谢天谢地，也是腹部以上一点伤没有，不过把嘴唇碰裂了一块，腿上亦微伤，不能吃东西。现在两兄弟都在协和医院同居一房，思永一个礼拜可以出院，思成约要八个礼拜。但思成也不须用手术（不需割），因为骨并未碎，只要扎紧，自会复原，今朝我同你二叔、三姑、七叔去看他们，他们哥儿俩已经说说笑笑，又淘气到了不得了。昨天中饭是你姑丈和三姑合请你二叔寿酒，晚上是我请，中饭全家都没有吃，晚饭我们却放心畅饮压惊了。我怕你妈妈着急发病，昨日一日瞒着没有报告，今朝我从医院出来，写了一封快信，又叫那两个淘气精各写一封去，大约你妈妈明天早晨也要来看他们了。内中还把一个徽音也急死了，也饿着守了大半天（林家全家也跟着我们饿），如今大家都欢喜了。你二叔说，若使上帝告诉我们，说你的孩子总要受伤，伤什么地方听你自择，我们只有说是请伤这里，因为除此以外，无论伤哪里，都是不得了。我们今天去踏察他们遇险的地方，只离一寸多，便是几块大石头子，若碰着头部真是万无生理。我们今天在六部口经过，见一个死尸横陈，就是昨天下午汽车碰坏的人，至今还没殡殓，想起来真惊心动魂。今年正月初二，我一出门遇着那么一个大险，这回更险万倍，到底皆逢凶化吉，履险如夷，真是微天之幸。我本来不打算告诉你，因为《晨报》将情形登出，怕你一见吓倒，所以详细写这封信。我今日已经打了二十多圈牌了，我两三日后仍回西山，我在那里住得舒服极了（每日早起又不饮酒）。

爹爹 民国十二年五月八日

致思顺书

● 1923 年 5 月 11 日

宝贝思顺：

　　你看第一封信，吓成怎么样？我叫思成亲自写几个字安慰你，你接到没有？思永现已出院了，思成大概还要住院两月。汝母前日入京抚视他们，好在他们都已复原，所以汝母并未着急。汝母恨极金永炎，亲自入总统府见黄陂请责之。其后金某来院慰问，适值汝母在，大大教训他一场。金某实在可恶，将两个孩子碰倒在地，连车也不下，竟自扬长而去，一直过了两日，连名片也没有一张来问候。初时我们因救命要紧，没有闲工夫和他理论，到那天晚上，惊魂已定，你二叔方大发雷霆，叫警察拘传司机人，并扣留其汽车。随后像有许多人面责金某，渠始来道歉。初次派人差片来院问候，被我教斥一番，第三日始亲来。汝二叔必欲诉诸法庭，汝母亦然，但此事责任仍在司机人，坐车人不过有道德责任而已。我见人已平安，已经心满意足，不欲再与闹。惟汝母必欲见黎元洪，我亦不阻止，见后黎极力替赔一番不是，汝母气亦平了，不致生病，亦大好事也。

　　思成今年能否出洋，尚是一问题，因不能赶大考也（现

商通融办法），但迟一年亦无甚要紧耳。我现课彼在院中读
《论语》、《孟子》、《资治通鉴》，利用这时候多读点中
国书也很好。前两天我去看他们，思永嘴不能吃东西，思成
便大嚼大啖去气他。思成腿不能动，思永便大跳大舞去气他。
真顽皮得岂有此理。这回小小飞灾，很看出他们弟兄两个勇
敢和纯挚的性质，我很喜欢，我已返（昨日）西山著我的书了。
今晨天才亮便已起，现在是早上九点钟，我已成了二千多字，
等一会儿蹇七叔们就要来（今日礼拜六）和我打牌了。

爹爹 民国十二年五月十一日 翠微山秘魔岩

致思成书

● 1923 年 5 月

父示思成：

　　吾欲汝以在院两月中取《论语》、《孟子》，温习暗诵，
务能略举其辞，尤于其中有益修身之文句，细加玩味。次则
将《左传》、《战国策》全部浏览一遍，可益神智，且助文
采也。更有余日读《荀子》则益善。各书可向二叔处求取。《荀
子》颇有训诂难通者，宜读王先谦《荀子集解》。可令张明

去藻玉堂老王处取一部来。

爹爹 民国十二年五月

致思成书

● 1923 年 7 月 26 日

汝母归后说情形，吾意以迟一年出洋为要，志摩亦如此说，昨得君劢书，亦力以为言。盖身体未完全复元，旅行恐出毛病，为一时欲速之念所中，而贻终身之戚，甚不可也。

人生之旅历途甚长，所争决不在一年半月，万不可因此着急失望，招精神上之萎苶。汝生平处境太顺，小挫折正磨练德性之好机会，况在国内多预备一年，即以学业论，亦本未尝有损失耶。吾星期日或当入京一行，届时来视汝。

爹爹 民国十二年七月二十六日

给孩子们书

● 1925 年 7 月 10 日

孩子们：

　　我像许久没有写信给你们了。但是前几天寄去的相片，每张上都有一首词，也抵得过信了。今天接着大宝贝五月九日，小宝贝五月三日来信，很高兴。那两位"不甚宝贝"的信，也许明后天就到罢？我本来前十天就去北戴河，因天气很凉，索性等达达放假才去。他明天放假了，却是现在很凉。一面张、冯开战消息甚紧，你们二叔和好些朋友都劝勿去，现在去不去还未定呢。

　　我还是照样的忙，近来和阿时，忠忠三个人合作做点小玩意儿，把他们做得兴高采烈。我们的工作多则一个月，少则三个礼拜，便做完。做完了，你们也可以享受快乐。你们猜猜干些什么？

　　庄庄，你的信写许多有趣话告诉我，我喜欢极了。你往后只要每水船都有信，零零碎碎把你的日常生活和感想报告我，我总是喜欢的，我说你"别要孩子气"，这是叫你对于正事——如做功课，以及料理自己本身各事等，自己要拿主

意，不要依赖人。至于做人带几分孩子气，原是好的。你看
爹爹有时还有"童心"呢。

你入学校，还是在加拿大好。你三个哥哥都受美国教育，
我们家庭要变"美国化"了！我很望你将来不经过美国这一
级，便到欧洲去，所以在加拿大预备像更好，也并非一定如此，
还要看环境的利便。稍旧一点的严正教育，受了很有益；你
还是安心入加校罢。至于未能立进大学，这有什么要紧，"求
学问不是求文凭"，总要把墙基越筑得厚越好。你若看见别
的同学都入大学，便自己着急，那便是"孩子气"了。

思顺对于徽音感情完全恢复，我听见真高兴极了。这是
思成一生幸福关键所在，我几个月前很怕思成因此生出精神
异动，毁掉了这孩子，现在我完全放心了。思成前次给思顺
的信说："感觉着做错多少事，便受多少惩罚，非受完了不
会转过来。"这是宇宙间惟一真理，佛教说的"业"和"报"
就是这个真理。（我笃信佛教，就在此点，七千卷《大藏经》
也只说明这点道理。）凡自己造过的"业"，无论为善为恶，
自己总要受"报"，一斤报一斤，一两报一两，丝毫不能躲闪，
而且善和恶是不准抵消的。佛对一般人说轮回，说他（佛）
自己也曾犯过什么罪，因此曾入过某层地狱，做过某种畜生，
他自己又也曾做过许多好事，所以亦也曾享过什么福。如此，

恶业受完了报，才算善业的账，若使正在享善业的报的时候，又做些恶业，善报受完了，又算恶业的账，并非有个什么上帝做主宰，全是"自业自得"，又并不是像耶教说的"到世界末日算总账"，全是"随作随受"。又不是像耶教说的"多大罪恶一忏悔便完事"，忏悔后固然得好处，但曾经造过的恶业，并不因忏悔而灭，是要等"报"受完了才灭。佛教所说的精理，大略如此。他说的六道轮回等等，不过为一般浅人说法，说些有形的天堂地狱，其实我们刻刻在轮回中，一生不知经过多少天堂地狱。即如思成与徽音，去年便有几个月在刀山剑树上过活！这种地狱比城隍庙十王殿里画出来还可怕！因为一时造错了一点业，便受如此惨报，非受完了不会转头。倘若这业是故意造的，而且不知忏悔，则受报连绵下去，无有尽时。因为不是故意的，而且忏悔后又造善业，所以地狱的报受够之后，天堂又到了，若能绝对不造恶业（而且常造善业——最大善业是"利他"），则常住天堂（这是借用俗教名词），佛说是"涅槃"（涅槃的本意是"清凉世界"）。我虽不敢说常住涅槃，但我总算心地清凉的时候多，换句话说，我住天堂时候比住地狱的时候多，也是因为我比较少造恶业的缘故。我的宗教观、人生观的根本在此，这些话都是我切实受用的所在。因思成那封信像是看见一点这种真理，所以顺便给你们谈谈。

思成看着许多本国古代美术，真是眼福，令我羡慕不已，甲胄的扣带，我看来总算你新发明了（可得奖赏），或者书中有讲及，但久已没有实物来证明。

昭陵石马怎么会已经流到美国去，真令我大惊！那几只马是有名的美术品，唐诗里"可要昭陵石马来，昭陵风雨埋冠剑，石马无声蔓草寒"，向来诗人讴歌不知多少。那些马都有名字，是唐太宗赐的名，画家雕刻家都有名字可考据的。我所知道的，现在还存四只，我们家里藏有拓片，但太大，无从裱，无从挂，所以你们没有看见。怎么美国人会把他搬走了！若在别国，新闻纸不知若何鼓噪，在我们国里，连我恁么一个人，若非接你信，还连影子都不晓得呢。可叹，可叹！

希哲既有余暇做学问，我很希望他将国际法重新研究一番，因为欧战以后国际法的内容和从前差得太远了。十余年前所学现在只好算古董，既已当外交官，便要跟着潮流求自己职务上的新智识。还有中国和各国的条约全文，也须切实研究。希哲能趁这个空闲做这类学问最好。若要有汉文的条约汇纂，我可以买得寄来。

和思顺、思永两人特别要说的话，没有什么，下次再说罢。

思顺信说"不能不管政治"，近来我们也很有这种感觉。你们动身前一个月，多人疑义也就是这种心理的表现。现在除我们最亲密的朋友外，多数稳健分子也都拿这些话责备我，看来早晚是不能袖手的。现在打起精神做些预备工夫，这几年来抛空了许久，有点吃亏。等着时局变迁再说罢。

老 Baby 好玩极了，从没有听见哭过一声，但整天的喊和笑，也很够他的肺开张了。自从给亲家收拾之后，每天总睡十三四个钟头，一到八点钟，什么人抱他，他都不要，一抱他，他便横过来表示他要睡，放在床上爬几爬，滚几滚，就睡着了。这几天有点可怕——好咬人，借来磨他的新牙，老郭每天总要着他几口。他虽然还不会叫亲家，却是会填词送给亲家，我问他："是不是要亲家和你一首？"他说："得、得、得，对、对、对。"

夜深了，不和你们玩了，睡觉去。前几天填得一首词，词中的寄托，你们看得出来不？

浣溪沙·端午后一日夜坐
乍有官蛙闹曲池，更堪鸣砌露蛩悲！
隔林辜负月如眉。坐久漏签催倦夜，
归来长簟梦佳期，不因无益废相思。

（李义山诗："直道相思了无益。"）

民国十四年七月十日

致顺、成、永、庄书

● 1925 年 9 月 29 日

顺、成、永、庄：

　　我昨日用一日之力，作成一篇告墓祭文，把我一年多蕴积的哀痛，尽情发露。顺儿啊，我总觉得你妈妈这个怪病，是我们打那一回架打出来的。我实在哀痛至极，悔恨至极，我怕伤你们的心，始终不忍说，现在忍不住了，说出来也像把自己罪过减轻一点。我经过这几天剧烈的悲悼，以后便刻意将前事排去，决不更伤心，你们放心罢。

　　祭文本来该焚烧的，我想读一遍，你妈妈已经听见，不如将稿交你宝存（将来可装成手卷）。你和庄庄读完后，立刻抄一份寄成、永传观，《晨报》已将稿抄去，如已登出，成、永便得见，不必再抄了。过些日子我有空还打算另写一份寄思成。葬礼一切都预备完成了。王姨今日晚车返天津，把达达们带来。十五清晨行周忌祭礼，十点钟发引，忠忠一人扶柩，我们都在山上迎接。在山上住一夜，十六日八点钟安葬。

爹爹 民国十四年九月二十九日

给孩子们书

● 1926 年 2 月 18 日

孩子们：

我从昨天起被关在医院里了。看这神气，三两天内还不能出院，因为医生还没有找出病源来。我精神奕奕，毫无所苦。医生劝令多仰卧，不许用心，真闷煞人。

以上正月初四写

入医院今已第四日了，医生说是膀胱中长一疙瘩，用折光镜从溺道中插入检查，颇痛苦，但我对此说颇怀疑，因此病已逾半年，小便从无苦痛，不似膀胱中有病也。已照过两次，尚未检出，检出后或须用手术。现已电唐天如速来。但道路梗塞，非半月后不能到。我意非万不得已不用手术，因用麻药后，体子终不免吃亏也。

阳历新年前后顺、庄各信次第收到。庄庄成绩如此，我很满足了。因为你原是提高一年，和那按级递升的洋孩子们竞争，能在三十七人考到第十六，真亏你了。好乖乖，不必着急，只须用相当的努力便好了。

寄过两回钱，共一千五百元，想已收。日内打算再汇二千元。大约思成和庄庄本年费用总够了。思永转学后谅来总须补助些，需用多少即告我。徽音本年需若干，亦告我，当一齐筹来。

庄庄该用的钱就用，不必太过节省。爹爹是知道你不会乱花钱的，再不会因为你用钱多生气的。思成饮食上尤不可太刻苦，前几天见着君劢的弟弟，他说思成像是滋养品不够，脸色很憔悴。你知道爹爹常常记挂你，这一点你要令爹爹安慰才好。

徽音怎么样？我前月有很长的信去开解他，我盼望他能领会我的意思。"人之生也，与忧患俱来，知其无可奈何，而安之若命，是立身第一要诀。"思成、徽音性情皆近狷急，我深怕他们受此刺激后，于身体上精神上皆生不良的影响。他们总要努力镇慑自己，免令老人担心才好。

我这回的病总是太大意了，若是早点医治，总不致如此麻烦。但病总是不要紧的，这信到时，大概当已痊愈了。但在学堂里总须放三两个月假，觉得有点对不住学生们罢了。

前几天在城里过年，很热闹，我把南长街满屋子都贴起春联来了。

军阀们的仗还是打得一塌糊涂。王姨今早上送达达回天津，下半天听说京津路又不通了（不知确否），若把他关在天津，真要急煞他了。

民国十五年二月十八日 爹爹 德国医院三零四号

给大小孩子们书

● 1926 年 3 月 10 日

大孩子、小孩子们：

贺寿的电报接到了，你们猜我在哪里接到？乃在协和医院三零四号房。你们猜我现在干什么？刚被医生灌了一杯蓖麻油，禁止吃晚饭。活到五十四岁，儿孙满堂，过生日要挨饿，你们说可笑不可笑？

Baby，你看！公公不信话，不乖乖过生日还要吃泻油，不许吃东西哩！

我想作一首诗，唱唱这段故事，但作来作去作不好，算了罢。过用心思，又要受王姨娘们唠叨了。

我这封信写得最有趣，是坐在病床上用医院吃饭用的盘当桌子写的，我发明这项工具，过几天可以在病床上临帖了。

现在还是检查（诊断）时期。昨天查过一次，明天再查一次，就可以决定治疗方法了。协和真好，可惜在德国医院耽搁许多日子，不然只怕现在已经全好了。

诊断情形，你二叔们当陆续有详细报告，不消我说了。我写这封信，是要你们知道我的快活顽皮样子。昨晚院中各科专门医生分头来检查我的身体，各部分都查到了，都说：五十岁以上的人体子如此结实，在中国是几乎看不见第二位哩。

民国十五年三月十日 爹爹

致思顺书

● 1926 年 6 月 5 日

顺儿：

四月二十三、五月三日寄南长街两信，连寄叔叔们的信，都先后收到，但四月十五以前像还有一封长信，想已失掉了。那封信上谅来谈到你们不愿意调任的话吧。

我现在还想你们把你们的意思详说，等我斟酌着随时替你们打算哩。

你屡次来信，都问我受手术后情形如何如何，像十二分不放心的样子。这也难怪，因为你们在远方不知情形，但我看见信只是好笑，倘使你在我身边看着，谅来也哑然失笑了。你们的话完全不对题，什么疲倦不疲倦，食欲好不好，我简直不知道有这一回事。我受手术十天之后，早已一切如常，始终没有坐过一回摇推的椅子。记得第十一天晚上，我偷偷地下床上茅房（因不愿在床上出恭，茅房与卧房相隔数间），被看护妇看见，埋怨了半天。我在医院里写了几十把扇子，从医生看护妇到厨子打杂每人都求了一把。受术后第四天便胃口如常，中间因医生未得病源，种种试验，曾经有一个礼拜不给肉品我吃，饿得我像五台山上的鲁智深，天天向医生哀求开荤，出院后更不用说了。总而言之，受手术后十天，早已和无病人一样，现在做什么事情，都有兴致，绝不疲倦，一点钟以上的演讲已经演过几次了。七叔、王姨们初时屡屡警告，叫我"自己常常记得还是个病人"。近来他们看惯了，也疲了，连他们也不认我还是病人了。

看见你的信，四月二十前后还像没有复元的样子。五月三日信还说"稍为累点，就不舒服"，真令我诧异。或者你的手术比我重吗？其实我的也很不轻，受麻药的次数，比你多得多了。这样看来，你的体子比我真有天渊之别，我真是得天独厚，医院里医生看护妇都说像我复元得这样快是从没有看见过的。不是经比较，还不自觉哩。

我一月以前，绝不担心你的病，因为我拿自己做例，觉得受手术不算一回事，但是接连看你的信，倒有点不放心了。我希望不久接着你完全复元的信说："虽累了，也照常受得起"，那才好哩。

近来因我的病惹起许多议论。北京报纸有好几家都攻击协和（《现代评论》、《社会日报》攻得最厉害），我有一篇短文在《晨报》副刊发表，带半辩护的性质，谅来已看见了，总之，这回手术的确可以不必用，好在用了之后身子没有丝毫吃亏，唐天如细细诊视，说和从前一样，只算费几百块钱，挨十来天痛苦，换得个安心也还值得。

现在病虽还没有清楚，但确已好多了，而且一天比一天好，或者是协和的药有效（现在还继续吃），或者是休息的效验，现在还不能十分休息（正在将近毕业要细阅学生们成绩），半月后到北戴河去，一定更好了。

我想来美一游，各人也不十分反对，但都怕我到美决不能休息，或者病又复发，所以阻止者多，现在决定不来了。

蹇季常、张君劢们极力劝我在清华告假一年，这几天不停地唠叨我。他们怕一开课后我便不肯休息，且加倍工作。我说我会自己节制。他们都不相信。但是我实在舍不得暂离清华，况且我实际上已经无病了。我到底不能采用他们的建议。总之，极力节制，不令过劳便是。你们放心罢。

由天津电汇四千元，想已收。一半是你们存款，一半给思庄们学费，你斟酌着分给他们。思成在费城，今年须特别耗费，务令他够用，不至吃苦。思永也须贴补点，为暑假旅行及买书等费。

思庄考得怎样，能进大学固甚好，即不能也不必着急，日子多着哩。

我写的一幅小楷，装上镜架给他做奖品，美极了，但很难带去，大概只好留着等他回来再拿了。

许久没有写信给成、永们，好在给你的信，他们都会看见的。

民国十五年六月五日 爹爹

给孩子们书

● 1926 年 9 月 4 日

孩子们：

今天接顺儿八月四日信，内附庄庄由费城去信，高兴得很。尤可喜者，是徽音待庄庄那种亲热，真是天真烂熳好孩子。庄庄多走些地方（独立的），多认识些朋友，性质格外活泼些，甚好甚好。但择交是最要紧的事，宜慎重留意，不可和轻浮的人多亲近。庄庄以后离开家庭渐渐的远，要常常注意这一点。大学考上没有？我天天盼这个信，谅来不久也到了。

忠忠到美，想你们兄弟姊妹会在一块儿，一定高兴得很，有什么有趣的新闻，讲给我听。

我的病从前天起又好了，因为碰着四姑的事，病翻了五天（五天内服药无效），这两天哀痛过了，药又得力了。昨日已不红，今日很清了，只要没有别事刺激，再养几时，完全断根就好了。

四姑的事，我不但伤悼四姑，因为细婆太难受了，令我伤心。现在祖父祖母都久已弃养，我对于先人的一点孝心，只好寄在细婆身上，千辛万苦，请了出来，就令他老人家遇着绝对不能宽解的事（怕的是生病），怎么好呢？这几天全家人合力劝慰他，哀痛也减了好些，过几日就全家入京去了。

清华八日开学，我六日便入京，在京城里还有许多事要料理，王姨和细婆等迟一个礼拜乃去。

思永两个月没有信来，他娘很记挂，屡屡说"想是冲气

吧",我想断未必,但不知何故没有信。你从前来信说不是
悲观,也不是精神异状,我很信得过是如此,但到底是年轻
学养未到,我因久不得信,也不能不有点担心了。

国事局面大变,将来未知所届,我病全好之后,对于政
治不能不痛发言论了。

民国十五年九月四日 爹爹

给孩子们书
● 1926 年 9 月 27 日

孩子们:

昨夜十二时半你们又添一个小弟弟,母子平安。拟到协
和分娩,不意突如其来,昨晚十时我写完前信便去睡,刚要
睡着,王姨忽觉震动,欲命车进城,恐来不及,乃找本校医生,
幸亏医生在家,一切招呼完善,昨日搬家一切东西略已搬毕,
惟睡床未搬,临时把王姨的床搬过来,刚刚赶得上。仅一个
多钟头便完事了。你们姊妹弟兄真已不少,我倒很盼他是女
孩子,那便姊妹弟兄各五人,现在男党太盛了。这是第十个,

十为盈数，足够了。

九月二十七日 爹爹

给孩子们书

● 1926 年 9 月 29 日

孩子们：

今天从讲堂下来，接着一大堆信——坎拿大三封内夹成、永、庄寄加的好几封，庄庄由纽约来的一封，又前日接到思永来一封，忠忠由域多利来的一封——令我喜欢得手舞足蹈。我骤然看见域多利的信封，很诧异！哪一个跑到域多利去呢？拆开一看，才知忠忠改道去先会姊姊。前接阿图利电说忠忠十一日到，我以为是到美境哩，谁知便是那天到阿图利！忠忠真占便宜，这回放洋，在家里欢天喜地地送他，比着两位哥哥，已经天渊之别了，到了那边，又分两回受欢迎，不知多高兴。

我最喜欢的是庄庄居然进了大学了。尤其喜欢是看你们姊弟兄妹们来往信，看出那活泼样子。我原来有点怕，庄庄性情太枯寂些，因为你妈妈素来管得太严，他又不大不小夹在中间，挨着我的时候不多——不能如老白鼻的两亲家那样——所以觉得欠活泼。这一来很显出青年的本色，我安慰极了。

回坎进大学，当然好极了。我前次信说赞成留美，不过怕顺儿们有迁调时，他太寂寞。其实这也不相干。满地可我也到过，离坎京极近，暂时我大大放心了。过得一两年，年纪更长大，当然不劳我挂念了。我很不愿意全家变成美国风。在坎毕业后往欧洲入研究院，是最好不过的。

我的"赤祸"，大概可以扫除净尽了。最近已二十多天没有再发。实际上讲，自忠忠动身时，渐渐肃清，中间惟四姑死后发了一礼拜，初到清华发了三天，中秋日小发，但不甚，过一天便好了。此外都是极好。今年我不编讲义，工夫极轻松，叫周传儒笔记，记得极好，你们在周刊上可以看见。每星期只上讲堂两点钟，在研究室接见学生五点钟（私宅不许人到），我从来没有过这样清闲。我恪守伍连德的忠告，决意等半年后完全恢复，再行自由工作。

时局变化极剧，百里所处地位极困难，又极重要。他最得力的几个学生都在南边，蒋介石三番四复拉拢他，而孙传芳又卑礼厚币要仗他做握鹅毛扇的人。孙、蒋间所以久不决裂，都是由他斡旋。但蒋军侵入江西，逼人太甚（俄国人逼他如此），孙为自卫，不得不决裂。我们的熟人如丁在君、张君劢、刘厚生等都在孙幕，参与密勿，他们都主战，百里亦不能独立异，现在他已经和孙同往前敌去了。老师打学生（非寻常之师弟），岂非笑话？

顺儿们窘到这样，可笑可怜，你们到底负债多少？这回八月节使馆经费一文也发不出，将来恐亦无望，我实在有点替你们心焦。调任事一时更谈不到了（现在纯陷于无政府状态）。我想还是勉强支持一两年（到必要时我可以随时接济些），招呼招呼弟妹们，令我放心，一面令诸孙安定一点，好好的上学，往后看情形再说罢。

前所言司法储才馆事，现因政府搁浅，也暂时停顿，但此事为收回法权的主要预备，早晚终须办，现时只好小待。

民国十五年九月二十九日 爹爹

给孩子们书

● 1926 年 10 月 4 日

孩子们：

我昨天做了一件极不愿意做之事，去替徐志摩证婚。他的新妇是王受庆夫人，与志摩恋爱上，才和受庆离婚，实在是不道德至极。我屡次告诫志摩而无效。胡适之、张彭春苦苦为他说情，到底以姑息志摩之故，卒徇其请。我在礼堂演说一篇训词，大大教训一番，新人及满堂宾客无一不失色，此恐是中外古今所未闻之婚礼矣。今把训词稿子寄给你们一看。青年为感情冲动，不能节制，任意决破礼防的罗网，其实乃是自投苦恼的罗网，真是可痛，真是可怜！

徐志摩这个人其实聪明，我爱他不过，此次看着他陷于灭顶，还想救他出来，我也有一番苦心。老朋友们对于他这番举动无不深恶痛绝，我想他若从此见摈于社会，固然自作自受，无可怨恨，但觉得这个人太可惜了，或者竟弄到自杀。我又看着他找得这样一个人做伴侣，怕他将来苦痛更无限，所以想对于那个人当头一棒，盼望他能有觉悟（但恐甚难），免得将来把志摩累死，但恐不过是我极痴的婆心便了。

闻张歆海近来也很堕落，日日只想做官，志摩却是很高洁，只是发了恋爱狂——变态心理——变态心理的犯罪。此外还有许多招物议之处，我也不愿多讲了。品性上不曾经过严格的训练，真是可怕，我把昨日的感触，专写这一封信给思成、徽音、思忠们看看。

民国十五年十月四日 爹爹

给孩子们书

● 1926 年 10 月 22 日

孩子们：

前天接着你们由费城来的杂碎信和庄庄进大学后来的信，真真高兴。

你们那种活泼亲热样子活现在纸上，我好容易细细研究算是把各人的笔迹勉强分别出来了，但是许多名词还不很清楚，只得当做先秦古书读。"心知其意"，"于其所不知，盖阙如也"。

你们一群小伙子怎么把一位老姊姊当作玩意儿去欺负他呢？做姊姊的也是不济事，为什么不板起面孔来每人给他几个嘴巴呢？你们别要得意，还有报应哩，再过十几年二十年，老白鼻、小白鼻也会照样地收拾你们！但是，到那时候，五十多岁老姊姊只怕更惹不起这群更小的小伙子了。

以上十月二十二日写

致思永书

● 1926 年 12 月 10 日

思永：

得十一月七日信，喜欢至极。李济之现在山西乡下（非陕西），正采掘得兴高采烈，我已立刻写信给他，告诉以你的志愿及条件，大约十日内外可有回信。我想他们没有不愿意的，只要能派你实在职务，得有实习机会，盘费食住费等等都算不了什么大问题，家里景况对于这点点钱还负担得起也。

你所问统计一类的资料，我有一部分可以回答你，一部分尚须问人。我现在忙极,要过十天半月后再回你,怕你悬望,先草草回此数行。

我近来真忙,本礼拜天天有讲演,城里的学生因学校开不了课,组织学术讲演会,免不了常去讲演。又著述之兴不可遏,已经动手执笔了(半月来已破戒亲自动笔)。还有司法储才馆和国立图书馆都正在开办,越发忙得要命。最可喜者,旧病并未再发,有时睡眠不足,小便偶然带一点黄或粉红,只须酣睡一次,就立刻恢复了。因为忙,有好多天没有给你们信(只怕十天八天内还不得空),你这信看完后立刻转给姊姊他们,免得姊姊又因为不得信挂心。

爹爹 民国十五年十二月十日

致思永书

● 1927 年 1 月 10 日

思永读:

今天李济之回到清华,我跟他商量你归国事宜,那封信也是昨天从山西打回来他才接着,怪不得许久没有回信。

他把那七十六箱成绩平平安安运到本校，陆续打开，陈列在我们新设的考古室了。今天晚上他和袁复礼（是他同伴学地质学的）在研究院茶话会里头作长篇的报告演说，虽以我们门外汉听了，也深感兴味。他们演说里头还带着讲："他们两个人都是半路出家的考古学者（济之是学人类学的），真正专门研究考古学的人还在美国——梁先生之公子。"我听了替你高兴又替你惶恐，你将来如何才能当得起"中国第一位考古专门学者"这个名誉，总要非常努力才好。

他们这回意外的成绩，真令我高兴。他们所发掘者是新石器时代的石层，地点在夏朝都城——安邑的附近一个村庄，发掘到的东西略分为三大部分，陶器、石器、骨器。此外，他们最得意的是得着半个蚕茧，证明在石器时代已经会制丝。其中陶器花纹问题最复杂，这几年来（民国九年以后）瑞典人安迪生在甘肃、奉天发掘的这类花纹的陶器，力倡中国文化西来之说，自经这回的发掘，他们想翻这个案。

最高兴的是，这回所得的东西完全归我们所有（中华民国的东西暂陈设在清华），美国人不能搬出去，将来即以清华为研究的机关，只要把研究结果报告美国那学术团体便是，这是济之的外交手段高强，也是因为美国代表人卑士波到中国三年无从进行，最后非在这种条件之下和我们合作不可，所以只得依我们了。这回我们也很费点事，头一次去算是失败了，第二次居然得意外的成功。听说美国国务院总理还有电报来贺。

他们所看定采掘的地方，开方八百亩，已经采掘的只有三分——一亩十分之三——竟自得了七十六箱，倘若全部掘完，只怕故宫各殿的全部都不够陈列了。以考古学家眼光看中国遍地皆黄金，可惜没有人会捡，真是不错。

关于你回国一年的事情，今天已经和济之仔细商量。他说可采掘的地方是多极了。但是时局不靖，几乎寸步难行，不敢保今年秋间能否一定有机会出去。即如山西这个地方，本来可继续采掘，但几个月后变迁如何，谁也不敢说。还有一层采掘如开矿一样，也许失败，白费几个月工夫，毫无所得。你老远跑回来或者会令你失望。但是有一样，现在所掘得七十六箱东西整理研究便须莫大的工作，你回来后看时局如何（还有安迪生所掘得的有一部分放在地质调查所中也要整理），若可以出去，他便约你结伴，若不能出去，你便在清华帮他整理研究，两者任居其一也，断不至白费这一年光阴云云，你的意思如何？据我看是很好的，回来后若不能出去，除在清华做这种工作外，我还可以介绍你去请教几位金石家，把中国考古学的常识弄丰富一点。再往美两年，往欧一两年，一定益处更多。城里头几个博物院你除看过武英殿外，故宫博物院、历史博物馆都是新近成立或发展的，回来实地研究所益亦多。

关于美国团体出资或薪水这一点，我和济之商量，不提为是。因为这回和他们订的条件是他们出钱我们出力，东西却是全归我们所有。所以这两次出去一切费用由他们担任，惟济之及袁复礼却是领学校薪俸，不是他们的雇佣，将来我们利用他这个机关的日子正长，犯不着贬低身份，受他薪水，别人且然，何况你是我的孩子呢？只要你决定回来，这点来往盘费，家里还拿得出，我等你回信便立刻汇去。

至于回来后，若出去便用他的费用，若在清华便在家里吃饭，更不成问题了。

我们散会已经十一点钟。这封信第二页以下都是点洋蜡写的，因为极高兴，写完了才睡觉，别的事都改日再说罢。

济之说要直接和你通信，已经把你的信封要去，想不日也到。

爹爹 民国十六年一月十日

给孩子们书

● 1927 年 1 月 27 日

孩子们：

昨天正寄去一封长信，今日又接到（内夹成、永信）思顺十二月二十七日、思忠二十二日信。前几天正叫银行待金价稍落时汇五百金去，至今未汇出，得信后立刻叫电汇，大概总赶得上交学费了。

寄留支事已汇去三个月的七百五十元，想早已收到。

调新加坡事倒可以商量，等我打听情形再说罢。调智利事幸亏没有办到，不然才到任便裁缺，那才狼狈呢！大抵凡关于个人利害的事只是"随缘"最好。若勉强倒会出岔子，希哲调新加坡时，若不强留那一年，或者现在还在新加坡任上，也未可知。这种虽是过去的事，然而经一事长一智，正可作为龟鉴。所以我也不想多替你们强求。若这回二五附加税项下使馆经费能够有着落，便在冷僻地方——人所不争的多蹲一两年也未始不好。

顺儿着急和愁闷是不对的，到没有办法时一卷起铺盖回国，现已打定这个主意，便可心安理得，凡着急愁闷无济于事者，便值不得急它愁它，我向来对于个人境遇都是如此看法。顺儿受我教育多年，何故临事反不得力，可见得是平日学问没有到家。你小时候虽然也跟着爹妈吃过点苦，但太小了，全然不懂。及到长大以来，境遇未免太顺了。现在处这种困难境遇正是磨练身心最好机会，在你全生涯中不容易碰着的，你要多谢上帝玉成的厚意，在这个当口儿做到"不改其乐"的工夫才不愧为爹爹最心爱的孩子哩。

……

忠忠的信很可爱，说的话很有见地，我在今日若还不理会政治，实在对不起国家，对不起自己的良心。不过出面打起旗帜，时机还早，只有秘密预备，便是我现在担任这些事业，也靠着他可以多养活几个人才。内中固然有亲戚故旧，勉强招呼不以人才为标准者。近来多在学校演说，多接见学生，也是如此——虽然你娘娘为我的身子天天唠叨我，我还是要这样干。中国病太深了，症候天天变，每变一症，病深一度，将来能否在我们手上救活转来，真不敢说。但国家生命民族生命总是永久的（比个人长的），我们总是做我们责任内的事，成效如何，自己能否看见，都不必管。

庄庄很乖，你的法文居然赶过四哥了，将来我还要看你的历史学等赶过三哥呢。

思永的字真难认识，我每看你的信，都很费神，你将来回国跟着我，非逼着你写一年九宫格不可。

达达昨日入协和，明日才开刀，大概要在协和过年了。我拟带着司马懿、六六们在清华过年（先令他们向你妈妈相片拜年），元旦日才入城，向祖宗拜年，过年后打算去汤山住一礼拜，因为近日太劳碌了，寒假后开学恐更甚。

每天老白鼻总来搅局几次，是我最好的休息机会（他又来了，又要写信给亲家了）。我游美的事你们意见如何，我现在仍是无可无不可，朋友们却反对得厉害。

爹爹 一月二十七日旧历十二月二十四日

给孩子们书

● 1927 年 2 月 16 日

（这几张可由思成保存，但仍须各人传观，因为教训的话于你们都有益的。）

思成和思永同走一条路，将来互得联络观摩之益，真是最好没有了。思成来信问有用无用之别，这个问题很容易解答，试问唐开元、天宝间李白、杜甫与姚崇、宋璟比较，其贡献于国家者孰多？为中国文化史及全人类文化史起见，姚、宋之有无，算不得什么事，若没有了李、杜，试问历史减色多少呢？我也并不是要人人都做李、杜，不做姚、宋，要之，要各人自审其性之所近何如，人人发挥其个性之特长，以靖献于社会，人才经济莫过于此。思成所当自策厉者，惧不能为我国美术界做李、杜耳。如其能之，则开元、天宝间时局之小小安危，算什么呢？你还是保持这两三年来的态度，埋头埋脑做去便对了。

你觉得自己天才不能负你的理想，又觉得这几年专做呆板工夫，生怕会变成画匠。你有这种感觉，便是你的学问在这时期内将发生进步的特征，我听见倒喜欢极了。孟子说："能与人规矩，不能使人巧。"凡学校所教与所学总不外规矩方面的事，若巧则要离了学校方能发见。规矩不过求巧的一种工具，然而终不能不以此为教，以此为学者，正以能巧之人，习熟规矩后，乃愈益其巧耳。不能巧者，依着规矩可以无大过。你的天才到底怎么样，我想你自己现在也未能测定，因为终日在师长指定的范围与条件内用功，还没有自由发掘自己性灵的余地。况且凡一位大文学家、大美术家之成就，常常还要许多环境与及附带学问的帮助。中国先辈屡说要"读万卷书，行万里路"。

你两三年来蛰居于一个学校的图案室之小天地中，许多潜伏的机能如何便会发育出来，即如此次你到波士顿一趟，便发生许多刺激，区区波士顿算得什么，比起欧洲来真是"河伯"之与"海若"，若和自然界的崇高伟丽之美相比，那更不及万分之一了。然而令你触发者已经如此，将来你学成之后，常常找机会转变自己的环境，扩大自己的眼界和胸怀，到那时候或者天才会爆发出来，今尚非其时也。今在学校中只有把应学的规矩，尽量学足，不惟如此，将来到欧洲回中国，所有未学的规矩也还须补学，这种工作乃为一生历程所必须经过的，而且有天才的人绝不会因此而阻抑他的天才，你千万别要对此而生厌倦，一厌倦即退步矣。至于将来能否大成，大成到怎么程度，当然还是以天才为之分限。我生平最服膺曾文正两句话："莫问收获，但问耕耘。"将来成就如何，现在想他则甚？着急他则甚？一面不可骄盈自慢，一面又不可怯弱自馁，尽自己能力做去，做到哪里是哪里，如此则可以无入而不自得，而于社会亦总有多少贡献。我一生学问得力专在此一点，我盼望你们都能应用我这点精神。

思永回来一年的话怎么样？主意有变更没有？刚才李济之来说，前次你所希望的已经和毕士卜谈过，他很高兴，已经有信去波士顿博物院，一位先生名罗治者和你接洽，你见面后所谈如何可即回信告我。现在又有一帮瑞典考古学家要大举往新疆发掘了，你将来学成归国，机会多着呢！

忠忠会自己格外用功，而且埋头埋脑不管别的事，好极了。姊姊、哥哥们都有信来夸你，我和你娘娘都极喜欢，西点事三日前已经请曹校长再发一电给施公使，未知如何，只得尽了人事后听其自然。你既走军事和政治那条路，团体的联络是少不得的，但也不必忙，在求学时期内暂且不以此分心也是好的。

旧历新年期内，我着实玩了几天，许久没有打牌了，这次一连打了三天也很觉有兴，本来想去汤山，因达达受手术，他娘娘离不开也，没有去成。

昨日清华已经开学了，自此以后我更忙个不了，但精神健旺，一点不觉得疲倦。虽然每遇过劳时，小便还带赤化，但既与健康无关，绝对的不管它便是了。

阿时已到南开教书。北院一号只有我和王姨带着两个白鼻住着，清静得很。

相片分寄你们都收到没有？还有第二次照的呢！过几天再寄。

爹爹 二月十六日

给孩子们书

● 1927 年 3 月 9 日

孩子们：

　　有件小小不幸事情报告你们，那小同同已经死了。他的病是肺炎，在医院住了六天，死得像很辛苦很可怜。这是近一个月来京津间的流行病，听说因这病死的小孩，每天总有好几个，初起时不甚觉得重大，稍迟已无救了。同同大概被清华医生耽搁了三天，一起病已吃药，但并不对症。克礼来看时已是不行了。我倒没有什么伤感，他娘娘在医院中连着五天五夜，几乎完全没有睡觉，辛苦憔悴极了。还好他还能达观，过两天身体以及心境都完全恢复了，你们不必担心。

　　当小同同病重时，老白鼻也犯同样的病，当时他在清华，他娘在城里，幸亏发现得早立刻去医，也在德国医院住了四天，现在已经出院四天，完全安心了。克礼说若迟两天医也很危险哩。说起来也奇怪，据老郭说，那天晚上他做梦，梦见你们妈妈来骂他道："那小的已经不行了，老白鼻也危险，你还不赶紧抱他去看，走！走！快走，快走！"就这样的把他从睡梦里打起来了。他那天来和我说，没有说做梦，这些梦话是他到京后和王姨说的。老白鼻夜里咳嗽得颇厉害，但是胃口很好，出恭很好，谅来没什么要紧罢，本来因为北京空气不好，南长街孩子太多，不愿意他在那边住，所以把他带回清华。我叫到清华医院看，也说绝不要紧，到底有点不放心，那天我本来要进城，于是把他带去，谁知克礼一看说正是现在流行最危险的病，叫在医院住下。那天晚上小同同便死了。他娘还带着老白鼻住院四天，现在总算安心了。你们都知道，我对于老白鼻非常之爱，倘使他有什么差池，我的刺激却太过了，老郭的梦虽然杳茫，但你妈妈在天之灵常常保护他一群心爱的孩子，也在情理之中，这回把老白鼻救转来是老郭一梦，实也功劳不小哩。

使馆经费看着丝毫办法没有，真替思顺们着急，前信说在外国银行自行借垫，由外交部承认担保，这种办法希哲有方法办到吗？望速进行，若不能办到，恐怕除回国外无别路可走，但回国也很难，不惟没有饭吃，只怕连住的地方都没有。北京因连年兵灾，灾民在城圈里骤增十几万，一旦兵事有变动（看着变动很快，怕不能保半年），没有人维持秩序，恐怕京城里绝对不能住，天津租界也不见安稳得多少，因为洋鬼子的纸老虎已经戳穿，哪里还能靠租界做避世桃源呢？现在武汉一带，中产阶级简直无生存之余地，你们回来又怎么样呢？所以我颇想希哲在外国找一件职业，暂时维持生活，过一两年再作道理，你们想想有职业可找吗？

前信颇主张思永暑期回国，据现在情形还是不来的好，也许我就要亡命出去了。

这信上讲了好些悲观的话，你们别要以为我心境不好，我现在讲学正讲得起劲哩，每星期有五天讲演，其余办的事，也兴会淋漓，我总是抱着"有一天做一天"的主义（不是"得过且过"却是"得做且做"），所以一样的活泼、愉快，谅来你们知道我的性格，不会替我担忧。

爹爹 民国十六年三月九日

致孩子们书

● 1927 年 4 月 19 日—20 日

孩子们：

近来因老白鼻的病，足足闹了一个多月，弄得全家心绪不宁，现在好了，出院已四日了。

二叔那边的孪妹妹，到底死去一个，那一个还在危险中。

达达受手术后身体强壮得多，将来智慧也许增长哩。

六六现又入协和割喉咙，明天可以出院了，据医生说道也于智慧发达极有关系，割去后试试看如何。你们姊妹弟兄中六六真是草包，至今还不会看表哩！他和司马懿同在培华，司马连着两回月考都第一，他都是倒数第一，他们的先生都不行，他两个是同怀姊妹。

我近来旧病发得颇厉害，三月底到协和住了两天，细细检查一切如常，但坚嘱节劳，谓舍此别无他药（今将报告书寄阅）。本来近日未免过劳，好在快到暑假了。暑假后北京也未必能住，借此暂离学校，休养一下也未尝不好，在学校总是不能节劳的。清明日我没有去上坟，只有王姨带着司马懿去（达达在天津，老白鼻在医院），细婆和七妹也去。我因为医生说最不可以爬高走路，只好不去。

南海先生忽然在青岛死去，前日我们在京为他而哭，好生伤感。我的祭文，谅来已在《晨报》上见着了。他身后萧条得万分可怜，我得着电报，赶紧电汇几百块钱去，才能草草成殓哩。我打算替希哲送奠敬百元。你们虽穷，但借贷典当，还有法可想。希哲受南海先生提携之恩最早，总应该尽一点心，谅来你们一定同意。

四月十九写

近来时局越闹得一塌糊涂，谅来你们在外国报纸上早看见了。有许多情形，想告诉你们，今日太忙，先把这信寄了再说罢。

爹爹 四月二十日

六六今日下午已经出院了。王姨今日回天津去料理那些家事。

第二次所寄相片想收到了，司马懿、六六、老白鼻合照的那一张好玩吗？……现在大概可苟安三几个月，我决意到放暑假才出京去，要说的话真太多，下次再写罢。

致思顺书

● 1927 年 5 月 4 日

顺儿：

我有封长信给你们（内关于忠忠想回国的事），写了好几天，还没有完，现在有别的事，先告诉你。

现在因为国内太不安宁，大有国民破产的景象，真怕过一两年，连我这样大年纪也要饿饭，所以我把所有的现钱凑五千美金汇存你那里，请你们夫妇替我经理着，生一点利息，最好能靠这点利息供给庄庄们的学费，本钱便留着作他日不时之需。你去年来信不是说那边一分利以上事业，还很有机会吗？请你们全权替我经营，虽亏本也不要紧，凡生意总不能说一定有盈无亏，总之，我全权托你们就是。过一两月若能将所有股票之类卖些出去，我还想凑足美金一万元哩！你说好不好？

……

你们外交官运气也真坏，外交部好容易凑得七万五千美金，向使领馆稍为点缀点缀，被汇丰银行中国账房倒账，只怕连这点都落空了。

其余改天再谈。五千美金有一千由北京通易公司汇，有四千由天津兴业汇，想不久当陆续汇到。

五月四日 爹爹

致孩子们书

● 1927 年 5 月 5 日

孩子们：

这个礼拜寄了一封公信，又另外两封（内一封由坎转）寄思永，一封寄思忠，都是商量他们回国的事，想都收到了。

近来连接思忠的信，思想一天天趋到激烈，而且对于党军胜利似起了无限兴奋，这也难怪。本来中国十几年来，时局太沉闷了，军阀们罪恶太贯盈了，人人都痛苦到极，厌倦到极，想一个新局面发生，以为无论如何总比旧日好，虽以年辈很老的人尚多半如此，何况青年们！所以你们这种变化，我绝不以为怪，但是这种希望，只怕还是落空。

我说话很容易发生误会，因为我向来和国民党有那些历史在前头。其实我是最没有党见的人，只要有人能把中国弄好，我绝不惜和他表深厚的同情，我从不采"非自己干来的都不好"那种褊狭嫉妒的态度。

……

在这种状态之下，于是乎我个人的出处进退发生极大问题。近一个月以来，我天天被人（却没有奉派军阀在内）包围，弄得我十分为难。许多人对于国党很绝望①，觉得非有别的团体出来收拾不可，而这种团体不能不求首领，于是乎都想到我身上。其中进行最猛烈者，当然是所谓"国家主义"者那许多团体，次则国党右派的一部分人，次则所谓"实业界"的人（次则无数骑墙或已经投降党军而实在是假的那些南方二三等军队），这些人想在我的统率之下，成一种大同盟。他们因为团结不起来，以为我肯挺身而出，便团结了，所以对于我用全力运动。除直接找我外，对于我的朋友、门生都进行不遗余力（研究院学生也在他们运动之列，因为国家主义青年团多半是学生），我的朋友、门生对这问题也分两派：张君劢、陈博生、胡石青等是极端赞成的，丁在君、林宰平是极端反对的。他们双方的理由，我也不必详细列举。总之，赞成派认为这回事情比洪宪更重大万倍，断断不能旁观；反对派也承认这是一种理由。其所以反对，专就我本人身上说，

---

① 此句有删改。

第一是身体支持不了这种劳苦，第二是性格不宜于政党活动。

我一个月以来，天天在内心交战苦痛中。我实在讨厌政党生活，一提起来便头痛。因为既做政党，便有许多不愿见的人也要见，不愿做的事也要做，这种日子我实在过不了。若完全旁观畏难躲懒，自己对于国家实在良心上过不去。所以一个月来我为这件事几乎天天睡不着（却是白天的学校功课没有一天旷废，精神依然十分健旺），但现在我已决定自己的立场了。我一个月来，天天把我关于经济制度（多年来）的断片思想，整理一番。自己有确信的主张（我已经有两三个礼拜在储才馆、清华两处讲演我的主张），同时对于政治上的具体办法，虽未能有很惬心贵当的，但确信代议制和政党政治断不适用，非打破不可。所以我打算在最近期间内把我全部分的主张堂堂正正著出一两部书来，却是团体组织我绝对不加入，因为我根本就不相信那种东西能救中国。最近几天，季常从南方回来，很赞成我这个态度（丁在君们是主张我全不谈政治，专做我几年来所做的工作，这样实在对不起我的良心），我再过两礼拜，本学年功课便已结束，我便离开清华，用两个月做成我这项新工作（煜生听见高兴极了，今将他的信寄上，谅来你们都同此感想吧）。

……

以下的话专教训忠忠。

三个礼拜前，接忠忠信，商量回国，在我万千心事中又增加一重心事。我有好多天把这问题在我脑里盘旋。因为你要求我保密，我尊重你的意思，在你二叔、你娘娘跟前也未提起，我回你的信也不由你姊姊那里转。但是关于你终身一件大事情，本来应该和你姊姊、哥哥们商量，因为你姊姊哥哥不同别家，他们都是有程度的人。现在得姊姊信，知道你有一部分秘密已经向姊姊吐露了，所以我就在这公信内把我替你打算的和盘说出，顺便等姊姊哥哥们都替你筹划一下。

你想自己改造环境，吃苦冒险，这种精神是很值得夸奖的，我看见你这信非常喜欢。你们谅来都知道，爹爹虽然是挚爱你们，却从不肯姑息溺爱，常常盼望你们在苦困危险中把人格能磨练出来。你看这回西域冒险旅行，我想你三哥加入，不知多少起劲，就这一件事也很可以证明你爹爹爱你们是如何的爱法了，所以我最初接你的信，倒有六七分赞成的意思，所费商量者就只在投奔什么人，详情已见前信，想早已收到，但现在我主张已全变，绝对地反对你回来了。因为三个礼拜前情形不同，对他们还有相当的希望，觉得你到那边阅历一年总是好的，现在呢？假使你现在国内，也许我还相当地主张你去，但觉得老远跑回来一趟，太犯不着了。头一件，现在所谓北伐，已完全停顿，参加他们军队，不外是参加他们火拼，所为何来？第二件，自从党军发展之后，素质一天坏一天，现在迥非前比，白崇禧军队算是极好的，到上海后纪律已大坏，人人都说远不如孙传芳军哩，跑进去不会有什么好东西学得来。第三件，他们正火拼得起劲——李济深在粤，一天内杀左派二千人，两湖那边杀右派也是一样的起劲——人人都有自危之心，你们跑进去立刻便卷揿在这种危险漩涡中。危险固然不必避，但须有目的才犯得着冒险。现这样不分皂白切葱一般杀人，死了真报不出账来。冒险总不是这种冒法。这是我近来对于你的行为变更主张的理由，也许你自己亦已经变更了。我知道你当初的计划，是几经考虑才定的，并不是一时的冲动。但因为你在远，不知事实，当时几视党人为神圣，想参加进去，最少也认为是自己历练事情的惟一机会。这也难怪。北京的智识阶级，从教授到学生，纷纷南下者，几个月以前不知若干百千人，但他们大多数都极狼狈，极失望而归了。你若现在在中国，倒不妨去试一试（他们也一定有人欢迎你），长点见识，但老远跑回来，在极懊丧极狼狈中白费一年光阴却太不值了。

至于你那种改造环境的计划，我始终是极端赞成的，早晚总要实行三几年，但不争在这一时。你说："照这样舒服几年下去，便会把人格送掉。"这是没出息的话！一个人若是在舒服的环境中会消磨志气，那么在困苦懊丧的环境中也一定会消磨志气，你看你爹爹困苦日子也过过多少，舒服日子也经过多少，老是那样子，到底志气消磨了没有？——也许你们有时会感觉爹爹是怠惰了（我自己常常有这种警惧），不过你再转眼一看，一定会仍旧看清楚不是这样——我自己常常感觉我要拿自己做青年的人格模范，最少也要不愧做你们姊妹弟兄的模范。我又很相信我的孩子们，个个都会受我这种遗传和教训，不会因为环境的困苦或舒服而堕落的。你若有这种自信力，便"随遇而安"地做现在所该做的工作，将来绝不怕没有地方没有机会去磨练，你放心罢。

你明年能进西点便进去，不能也没有什么可懊恼，进南部的"打人学校"也可，到日本也可，回来入黄埔也可（假使那时还有黄埔），我总尽力替你设法。就是明年不行，把政治经济学学得可以自信回来，再入那个军队当排长，乃至当兵，我都赞成。但现在殊不必牺牲光阴，太勉强去干。你试和姊姊、哥哥们切实商量，只怕也和我同一见解。

这封信前后经过十几天，才陆续写成，要说的话还不到十分之一。电灯久灭了，点着洋蜡，赶紧写成，明天又要进城去。

你们看这信，也该看出我近来生活情形的一斑了。我虽然为政治问题很绞些脑髓，却是我本来的工作并没有停。每礼拜四堂讲义都讲得极得意（因为《清华周刊》被党人把持，周传儒不肯把讲义笔记给他们登载），每次总讲两点钟以上，又要看学生们成绩，每天写字时候仍极多。昨今两天给庄庄、桂儿写了两把小楷扇子。每天还和老白鼻玩得极热闹，陆续写给你们的信也真不少。你们可以想见爹爹精神何等健旺了。

爹爹 五月五日

致思顺书

● 1927 年 5 月 13 日

顺儿：

我看见你近日来的信，很欣慰。你们缩小生活程度，暂在坎坷一两年，是最好的。你和希哲都是寒士家风出身，总不要坏自己家门本色，才能给孩子们以磨练人格的机会。生当乱世，要吃得苦，才能站得住（其实何止乱世为然），一个人在物质上的享用，只要能维持着生命便够了。至于快乐与否，全不是物质上可以支配。能在困苦中求出快活，才真是会打算盘哩。何况你们并不算穷苦呢！拿你们（两个人）比你们的父母，已经舒服多少倍了，以后困苦日子，也许要比现在加多少倍，拿现在当作一种学校，慢慢磨练自己，真是再好不过的事，你们该感谢上帝。

你好几封信提小六还债事，我都没有答复。我想你们这笔债权只好算拉倒罢。小六现在上海，是靠向朋友借一块两块钱过日子，他不肯回京，既回京也没有法好想，他因为家庭不好，兴致索然，我怕这个人就此完了。除了他家庭特别关系以外，也是因中国政治大坏，政客的末路应该如此。古人说："择术不可不慎"，真是不错。但亦由于自己修养功夫太浅，所以立不住脚，假使我虽处他这种环境，也断不至像他样子。他还没有学下流，到底还算可爱，只是万分可怜罢了。

我们家几个大孩子大概都可以放心，你和思永大概绝无问题了。思成呢，我就怕因为徽音的境遇不好，把他牵动，忧伤憔悴是容易消磨人志气的（最怕是慢慢地磨）。即如目前因学费艰难，也足以磨人，但这是一时的现象，还不要紧，怕将来为日方长。我所忧虑者还不在物质上，全在精神上。我到底不深知徽音胸襟如何，若胸襟窄狭的人，一定抵挡不住忧伤憔悴，影响到思成，便把我的思成毁了。你看不至如此吧！关于这一点，你要常常帮助着思成注意预防。总要常常保持着元气淋漓的气象，才有前途事业之可言。

思忠呢，最为活泼，但太年轻，血气未定，以现在情形而论，大概不会学下流，我们家孩子断不至下流，大概总可放心。只怕进锐退速，受不起打击。他所择的术——政治、军事，又最含危险性，在中国现在社会做这种职务很容易堕落。即如他这次想回国，虽是一种极有志气的举动，我也很夸奖他，但是发动得太孟浪了。这种过度的热度，遇着冷水浇过来，就会抵不住。从前许多青年的堕落，都是如此。我对于这种志气，不愿高压，所以只把事业上的利害慢慢和他解释，不知他听了如何？这种教育方法，很是困难，一面不可以打断他的勇气，一面又不可以听他走错了路，走错了本来没有什么要紧，聪明的人会回头另走，但修养功夫未够，也许便因挫折而堕落。所以我对于他还有好几年未得放心，你要就近常察看情形，帮着我指导他。

今日没有功课，心境清闲得很，随便和你谈谈家常，很是快活。要睡觉了，改天再谈罢。

民国十六年五月十三日 爹爹

给孩子们书

● 1927 年 8 月 29 日

孩子们：

一个多月没有写信，只怕把你们急坏了。

不写信的理由很简单，因为向来给你们的信都在晚上写的。今年热得要命，加以蚊子的群众运动比武汉民党还要厉害，晚上不是在院中外头，就是在帐子里头，简直五六十晚没有挨着书桌子，自然没有写信的机会了，加以思永回来后，谅来他去信不少，我越发落得躲懒了。

关于忠忠学业的事情，我新近去过一封电，又思永有两封信详细商量，想早已收到。我的主张是叫他在威士康逊把政治学告一段落，再回到本国学陆军，因为美国绝非学陆军之地，而且在军界活动，非在本国有些"同学系"的关系不可以。至于国内何校最好，我在这一年内切实替你调查预备便是。

思成再留美一年，转学欧洲一年，然后归来最好。关于思成学业，我有点意见。思成所学太专门了，我愿意你趁毕业后一两年，分出点光阴多学些常识，尤其是文学或人文科学中之某部门，稍为多用点工夫。我怕你因所学太专门之故，把生活也弄成近于单调，太单调的生活，容易厌倦，厌倦即为苦恼，乃至堕落之根源。再者，一个人想要交友取益，或读书取益，也要方面稍多，才有接谈交换，或开卷引进的机会。不独朋友而已，即如在家庭里头，像你有我这样一位爹爹，也属人生难逢的幸福，若你的学问兴味太过单调，将来也会和我相对词竭，不能领着我的教训，你全生活中本来应享的乐趣也削减不少了。我是学问趣味方面极多的人，我之所以不能专积有成者在此。然而我的生活内容异常丰富，能够永久保持不厌不倦的精神，亦未始不在此。我每历若干时候，趣味转过新方面，便觉得像换个新生命，如朝旭升天，如新荷出水，我自觉这种生活是极可爱的，极有价值的。我虽不愿你们学我那泛滥无归的短处，但最少也想你们参采我那烂漫向荣的长处（这封信你们留着，也算我自作的小小像赞）。我这两年来对于我的思成，不知何故常常像有异兆的感觉，怕他渐渐会走入孤峭冷僻一路去。我希望你回来见我时，还我一个三四年前活泼有春气的孩子，我就心满意足了。

这种境界，固然关系人格修养之全部，但学业上之熏染陶熔，影响亦非小。因为我们做学问的人，学业便占却全生活之主要部分。学业内容之充实扩大，与生命内容之充实扩大成正比例。所以我想医你的病，或预防你的病，不能不注意及此。这些话许久要和你讲，因为你没有毕业以前，要注重你的专门，不愿你分心，现在机会到了，不能不慎重和你说。你看了这信，意见如何（徽音意思如何），无论校课如何忙迫，是必要回我一封稍长的信，令我安心。

你常常头痛，也是令我不能放心的一件事，你生来体气不如弟妹们强壮，自己便当自己格外撙节补救，若用力过猛，把将来一身健康的幸福削减去，这是何等不上算的事呀！前所在学校功课太重，也是无法，今年转校之后，务须稍变态度。我国古来先哲教人做学问方法，最重优游涵饮，使自得之。这句话以我几十年之经验结果，越看越觉得这话亲切有味。凡做学问总要"猛火熬"和"慢火炖"两种工作，循环交互着用去。在慢火炖的时候才能令所熬的起消化作用融洽而实有诸己。思成，你已经熬过三年了，这一年正该用炖的工夫。不独于你身子有益，即为你的学业计，亦非如此不能得益，你务要听爹爹苦口良言。

庄庄在极难升级的大学中居然升级了，从年龄上你们姊妹弟兄们比较，你算是最早一个大学二年级生，你想爹爹听着多么欢喜。你今年还是普通科大学生，明年便要选定专门了，你现在打算选择没有？我想你们弟兄姊妹，到今还没有一个学自然科学，很是我们家里的憾事，不知道你性情到底近这方面不？我很想你以生物学为主科，因为它是现代最进步的自然科学，而且为哲学社会学之主要基础，极有趣而不须粗重的工作，于女孩子极为合宜，学回来后本国的生物随在可以采集试验，容易有新发明。截止到今日，中国女子还没有人学这门（男子也很少），你来做一个"先登者"不好吗？还有一样，因为这门学问与一切人文科学有密切关系，你学成回来可以做爹爹一个大帮手，我将来许多著作还要请你做顾问哩！不好吗？你自己若觉得性情还近，那么就选他，还选一两样和他有密切联络的学科以为辅。你们学校若有这门的好教授，便留校，否则在美国选一个最好的学校转去，姊姊哥哥们当然会替你调查妥善，你自己想想定主意罢。

专门科学之外，还要选一两样关于自己娱乐的学问，如音乐、文学、美术等。据你三哥说，你近来看文学书不少，甚好甚好。你本来有些音乐天才，能够用点功，叫他发荣滋长最好。

姊姊来信说你因用功太过，不时有些病。你身子还好，我倒不十分担心，但做学问原不必太求猛进，像装罐头样子，塞得太多太急不见得便会受益。我方才教训你二哥，说那"优游涵饮，使自得之"，那两句话，你还要记着受用才好。

　　你想家想极了，这本难怪，但日子过得极快，你看你三哥转眼已经回来了，再过三年你便变成一个学者回来帮着爹爹工作，多么快活呀！

　　思顺报告营业情形的信已到。以区区资本而获利如此甚丰，实出意外，希哲不知费多少心血了。但他是一位闲不得的人，谅来不以为劳苦。永年保险押借款剩余之部及陆续归还之部，拟随时汇到你们那里经营。永年保险明年秋间便满期。现在借款认息八厘，打算索性不还他，到明年照扣便了。又国内股票公债等，如可出脱者（只要有人买），打算都卖去，欲再凑美金万元交你们（只怕不容易）。因为国内经济界全体破产即在目前，旧物只怕都成废纸了。

　　我们爷儿俩常打心电，真是奇怪。给他们生日礼物一事，我两月前已经和王姨谈过，写信时要说的话太多，竟忘记写去，谁知你又想起来了。耶稣诞我却从未想起。现在可依你来信办理。几个学生都照给他们压岁钱，生日礼、耶稣诞各二十元。桂儿姊弟压岁、耶稣诞各二十元，你们两夫妇却只给压岁钱，别的都不给了，你们不说爹爹偏心吗？

　　我数日前因闹肚子，带着发热，闹了好几天，旧病也跟着发得厉害。新病好了之后，唐天如替我制一药膏方，服了三天，旧病又好去大半了。现在天气已凉，人极舒服。

　　这几天几位万木草堂老同学韩付国、徐启勉、伍宪子都来这里共商南海先生身后事宜，他家里真是一塌糊涂，没有办法。最糟的是他一位女婿（三姑爷）。南海生时已经种种捣鬼，连偷带骗。南海现在负债六七万，至少有一半算是欠他的（他串同外人来盘剥）。现在还是他在那里把持，二姨太是三小姐的生母，现在当家，惟女儿女婿之言是听，外人有什么办法？启勉任劳任怨想要整顿一下，便有"干涉内政"的谣言，只好置之不理。他那两位世兄和思忠、思庄同庚，现在还是一点事不懂（远不及达达、司马懿），活是两个傻大少（人当不坏，但是饭桶，将来亦怕变坏）。还有两位在家的小姐，将来不知被那三姑爷摆弄到什么结果，比起我们的周姑爷和你们弟兄姊妹，真成了两极端了。我真不解，像南海先生这样一个人，为什么全不会管教儿女，弄成这样局面。我们共同商议的结果，除了刊刻遗书由我们门生负责外，盼望能筹些款，由我们保管着，等到他家私花尽（现在还有房屋、书籍、字画亦值不少），能够稍为接济那两位傻大少及可怜的小姐，算稍尽点心罢了。

　　思成结婚事，他们两人商量最好的办法，我无不赞成。在这三几个月，当先在国内举行庄重的聘礼，大约须在北京，林家由徽的姑丈们代行，等商量好再报告你们。

福鬘来津住了几天，现在思永在京，他们当短不了时时见面。

达达们功课很忙，但他们做得兴高采烈，都很有进步。下半年都不进学校了，良庆（在南开中学当教员）给他们补些英文、算学，照此一年下去，也许抵得过学校里两年。

老白鼻越发好玩了。

爹爹 八月二十九日

两点钟了，不写了。

给孩子们书

● 1927 年 12 月 12 日

孩子们：

这几天家里忙着为思成行文定礼，已定本月十八日（阳历）在京寓举行，日子是王姨托人择定的。我们虽不迷信，姑且领受他一片好意。因婚礼十有八九是在美举行，所以此次文定礼特别庄严慎重些。晨起谒祖告聘，男女两家皆用全帖遍拜长亲，午间宴大宾，晚间家族欢宴。我本拟是日入京，但一因京中近日风潮正恶，二因养病正见效，入京数日，起居饮食不能如法，恐或再发旧病，故二叔及王姨皆极力主张我勿往，一切由二叔代为执行，也是一样的。今将告庙文写寄，可由思成保藏之作纪念。

聘物我家用玉佩两方，一红一绿，林家初时拟用一玉印，后闻我家用双佩，他家也用双印，但因刻主好手难得，故暂且不刻，完其太璞。礼毕拟将两家聘物汇寄坎京，备结婚时佩戴，惟物品太贵重，生恐失落，届时当与邮局及海关交涉，看能否确实担保，若不能，即仍留两家家长处，结婚后归来，乃授与保存。

在美婚礼，我远隔不能遥断，但主张用外国最庄严之仪式，可由希哲、思顺帮同斟酌，拟定告我。惟日期最盼早定，预先来信告知，是日仍当在家里行谒祖礼，又当用电报往贺也。

婚礼所需，思顺当能筹划，应用多少可由思顺全权办理。

另有三千元（华币），我在三年前拟补助徽音学费者，徽来信请暂勿拨付，留待归途游欧之用，今可照拨。若"捣把"有余利，当然不成问题，否则在资本内动用若干，亦无妨，因此乃原定之必要费也。

思成请学校给以留欧费一事，现曹校长正和我闹意见，不便向他说项，前星期外部派员到校查办风潮起因，极严厉，大约数日内便见分晓。好在校长问题不久便当解决，曹去后大约由梅教务长代理，届时当为设法。

我的病本来已经痊愈了，二十多天，便色与常人无异，惟最近一星期因作了几篇文章，实在是万不能不作的，但不应该连着作罢了。又渐渐有复发的形势，如此甚属讨厌，若完全叫我过"老太爷的生活"，我岂不成了废人吗？我精神上实在不能受此等痛苦。

晚饭后打完了"三人六圈"的麻将，时候尚很早，抽空写这封信，尚有许多话要说，被王姨干涉，改天再写罢。

十二月十二日 爹爹

致思成书

● 1927 年 12 月 18 日

思成：

　　这几天为你们聘礼，我精神上非常愉快，你想从抱在怀里"小不点点"（是经过千灾百难的），一个孩子盘到成人，品性学问都还算有出息，眼看着就要缔结美满的婚姻，而且不久就要返国，回到我的怀里，如何不高兴呢？今天北京家里典礼极庄严热闹，天津也相当的小小点缀，我和弟弟妹妹们极快乐地玩了半天，想起你妈妈不能小待数年，看见今日，不免起些伤感，但他脱离尘恼，在彼岸上一定是含笑的。除在北京由二叔正式告庙外（思永在京跟着二叔招呼一切），今晨已命达达等在神位前默祷达此诚意。

　　我主张你们在坎京行礼，你们意思如何？我想没有比这样再好的了。你们在美国两个小孩子自己实张罗不来，且总觉太草率，有姊姊代你们请些客，还在中国官署内行谒祖礼（婚礼还是在教堂内好），才庄严像个体统。

　　婚礼只要庄严不要奢靡，衣服首饰之类，只要相当过得去便够，一切都等回家再行补办，宁可节省点钱作旅行费。

你们由欧归国行程，我也盘算到了。头一件我反对由西伯利亚路回来，因为野蛮残破的俄国，没有什么可看，而且入境出境，都有种种意外危险（到满洲里车站总有无数麻烦），你们最主要目的是游南欧，从南欧折回俄京搭火车也太不经济，想省钱也许要多花钱。我替你们打算，到英国后折往瑞典、挪威一行，因北欧极有特色，市政亦极严整有新意，必须一往。新造之市，建筑上最有意思者为南美诸国，可惜力量不能供此游，次则北欧特可观。由是入德国，除几个古都市外，莱茵河畔著名堡垒最好能参观一二，回头折入瑞士看些天然之美，再入意大利，多耽搁些日子，把文艺复兴时代的美，彻底研究了解。最后便回到法国，在马赛上船，到西班牙也好，刘子楷在那里当公使，招待极方便，中世及近世初期的欧洲文化实以西班牙为中心。中间最好能腾出点时间和金钱到土耳其一行，看看回教的建筑和美术，附带着看看土耳其革命后政治（替我）。关于这一点，最好能调查得一两部极简明的书（英文的）回来讲给我听听。

思永明年回美，我已决定叫他从欧洲走，但是许走西伯利亚路，因为去年的危难较少。最好你们哥儿俩约定一个碰头地方，大约以使馆为通信处最便。你们只要大概预定某月到某国，届时思永到那边使馆找你们便是。

从印度洋回来，当然以先到福州为顺路，但我要求你们先回京津，后去福州。假使徽音在闽预定仅住一月半月，那自然无妨。但我忖度情理，除非他的母亲已回北京，否则徽一定愿意多住些日子，而且极应该多住，那么必须先回津，将应有典礼都行过之后，你才送去。你在那边住个把月便回来，留徽在娘家一年半载，则双方仁至义尽。关于这一点，谅来你们也都同意。

十二月十八日 爹爹

致思顺书

● 1927 年 12 月 24 日

顺儿：

得前次书，已猜着几分你有喜信，这回连接两书知道的确了，我和王姨都极欢喜。王外长对我十二分恭敬，我倒不好意思为这点小事直接写信给他。他和吴柳隅极熟，今日已写一封极恳切的信给柳隅，看有办法没有，能有最好。万一不能，就在营业款项上挪用些，万不可惜费，致令体子吃亏。须知你是我第一个宝贝，你的健康和我的幸福关系大着哩。

好孩子，切须听爹爹的话。

北方局面看着快要完了。希哲倒没有十分难处，外面使领馆很多，随众人的态度为态度便是。你一时既不能上路，便安心暂住那边，最多是到时把总领事头衔摔下，用私人资格住到能行时为止。这都是等临时定局。目下中国事情谁也不能有半年以上的计划，有也是白饶。

营利方针，本来是托希哲全权办理，我绝不过问的，既是对于分裂之股，你们俩人意见不同，那么就折衷办理，留一半，售去一半，何如？

我日来颇想移家大连，将天津新旧房舍都售去，在大连叫思成造一所理想的养老房子。那边尚有生意可做，我想希哲回来后，恐怕除了在大连开一个生意局面外，别的路没有可走，但这是一年后的话，现在先说说罢了。

思永明年回到哈佛，或者把庄庄交给他，你的行动便可以自由，这也是后话，那时再说。

范静生昨晨死去，可伤之至。他是大便失血太多，把身子弄虚弱了，偶得感冒小病，竟至送命。我一年以来，我们师徒两人见面（我两次入协和时，他也在那里），彼此都谆谆劝保养。但静生凡事看不开，不会自寻娱乐，究竟算没有养到。半年来我把图书馆事脱卸交给他，也是我对不住他的地方。他死了，图书馆问题又网到我身上，但我无论如何，只好摔下。别的且不说，那馆在北海琼华岛上，每日到馆要上九十三级石梯，就这一点我已断断乎受不住了。

这几次写信都没有工夫，特别和忠忠、庄庄两人说话，但每想起他们，总是欢喜的。

民国十六年十二月二十四日 爹爹

致思成书

● 1928 年 2 月 12 日

思成：

得姊姊电，知你们定三月行婚礼，想是在阿图利吧。不久当有第二封信了（故宫委员事等第二电来再定办法）。

国币五千或美金三千可以给你，详信已告姊姊。在这种年头，措此较大之款，颇觉拮据，但这是你学问所关，我总要玉成你，才尽我的责任。除此间划拨那二千美金外，剩下一千，若姊姊处凑不出这数目，你们只好撙节着用，或少到一两处地方罢了。我前几封信都主张你们从海道回国，反对走西伯利亚铁路，但是若为省钱计，我亦无可无不可。若走西伯利亚，要先期告我，等我设法，令你们入境无阻滞。

你脚踏到欧陆之后，我盼望你每日有详细日记，将所看的东西留个影像（凡得意的东西都留他一张照片），可以回来供系统研究的资料。若日记能稍带文学的审美的性质，回来我替你校阅后，可以出版，也是公私两益之道。

今寄去名片十数张，你到欧洲往访各使馆时，可带着投我一片，问候他们，托其招呼，当较方便些。你在欧洲不能不借使馆作通信机关，否则你几个月内不会得着家里人只字了。

你到欧后，须格外多寄些家信（明信片最好），令我知道你一路景况。

此外还有许多话，叫思永告诉你，想已收到了。

二月十二日 爹爹

致思成夫妇书

● 1928 年 4 月 26、28 日

思成、徽音：

我将近两个月没有写"孩子们"的信了，今最可以告慰你们的，是我的体子静养极有进步，半月前入协和灌血并检查，灌血后红血球竟增至四百二十万，和平常健康人一样了。你们远游中得此消息，一定高兴百倍。

思成和你们姊姊报告结婚情形的信，都收到了，一家的家嗣，成此大礼，老人欣悦情怀可想而知。尤其令我喜欢者，我以素来偏爱女孩之人，今又添了一位法律上的女儿，其可爱与我原有的女儿们相等，真是我全生涯中极愉快的一件事。

你们结婚后，我有两件新希望：头一件你们俩体子都不甚好，希望因生理变化作用，在将来健康上开一新纪元；第二件你们俩从前都有小孩子脾气，爱吵嘴，现在完全成人了，希望全变成大人样子，处处互相体贴，造成终身和睦安乐的基础。这两种希望，我想总能达到的。近来成绩如何，我盼望在没有和你们见面之前，先得着满意的报告。

你们游历路程计划如何？预定约某月可以到家？归途从海道抑从陆路？想已有报告在途。若还未报告，则得此信时，务必立刻回信详叙，若是西伯利亚路，尤其要早些通知我，当托人在满洲里招呼你们入国境。

你们回来的职业，正在向各方面筹划进行，虽然未知你们自己打何主意。一是东北大学教授，东北为势最顺，但你们去也有许多不方便处，若你能得清华，徽音能得燕京，那是最好不过了。一是清华学校教授，成否皆未可知，思永当别有详函报告。另外还有一件"非职业的职业"——上海有一位大藏画家庞莱臣，其家有唐（六朝）画十余轴，宋元画近千轴，明清名作不计其数，这位老先生六十多岁了，我想托人介绍你拜他门（已托叶葵初），当他几个月的义务书记，若办得到，倒是你学问前途一个大机会。你的意思如何？亦盼望到家以前先用信表示。你们既已成学，组织新家庭，立刻须找职业，求自立，自是正办，但以现在时局之混乱，职业能否一定找着，也很是问题。我的意思，一面尽人事去找，找得着当然最好，找不着也不妨，暂时随缘安分，徐待机会。若专为生计独立之一目的，勉强去就那不合适或不乐意的职业，以致或贬损人格，或引起精神上苦痛，倒不值得。一般毕业青年中大多数立刻要靠自己的劳作去养老亲，或抚育弟妹，不管什么职业得就便就，那是无法的事。你们算是天幸，不在这种境遇之下，纵今一时得不着职业，便在家里跟着我再当一两年学生（在别人或正是求之不得的），也没什么要紧。所差者，以徽音现在的境遇，该迎养他的娘娘才是正办，若你们未得职业上独立，这一点很感困难。但现在觅业之难，恐非你们意想所及料，所以我一面随时替你们打算，一面愿意你们先有这种觉悟，纵令回国一时未能得相当职业，也不必失望沮丧。失望沮丧，是我们生命上最可怖之敌，我们须终生不许他侵入。

《中国宫室史》诚然是一件大事业，但据我看，一时很难成功，因为古建筑十九被破坏，其所有现存的，因兵乱影响，无从到内地实地调查，除了靠书本上资料外，只有北京一地可以着手。书本上资料我有些可以供给你，尤其是从文字学上研究中国初民建筑，我有些少颇有趣的意见，可惜未能成片段，你将来或者用我所举的例继续研究得有更好的成绩。幸而北京资料不少，用科学的眼光整理出来，也很够你费一两年工夫。所以我盼望你注意你的副产工作——即《中国美术史》。这项工作，我很可以指导你一部分，还可以设法令你看见许多历代名家作品。我所能指导你的，是将各派别提出个纲领，及将各大作家之性行及其时代背景详细告诉你，名家作品家里头虽然藏得很少（也有些佳品为别家所无），但现在故宫开放以及各私家所藏，我总可以设法令你得特别摩挲研究的机会，这便是你比别人便宜的地方。所以我盼望你在旅行中便做这项工作的预备。所谓预备者，其一是多读欧人美术史的名著，以备采用他们的体例。关于这类书认为必要时，不妨多买几部。其二是在欧洲各博物馆、各画苑中见有所藏中国作品，特别注意记录。

回来时立刻得有职业固好，不然便用一两年工夫，在著述上造出将来自己的学术地位，也是大佳事。

你来信终是太少了，老人爱怜儿女，在养病中以得你们的信为最大乐事，你在旅行中尤盼将所历者随时告我（明信片也好），以当卧游，又极盼新得的女儿常有信给我。

民国十七年四月二十六日 爹爹

清华教授事或有成功的希望，若成功（新校长已允力为设法）则你需要开学前到家，届时我或有电报催你回来。

二十八日又书

给孩子们书

● 1928 年 8 月 22 日

　　新人到家以来，全家真是喜气洋溢。初到那天看见思成那种风尘憔悴之色，面庞黑瘦，头筋涨起，我很有几分不高兴。这几天将养转来，很是雄姿英发的样子，令我越看越爱。看来他们夫妇体子都不算弱，几年来的忧虑，现在算放心了。新娘子非常大方，又非常亲热，不解作从前旧家庭虚伪的神容，又没有新时髦的讨厌习气，和我们家的孩子像同一个模型铸出来。所以全家人的高兴，就和庄庄回家来一般，连老白鼻也是一天挨着二嫂不肯离去。

　　我辞了图书馆长以后，本来还带着一件未了的事业，是编纂《中国图书大辞典》，每年受美国庚款项下津贴五千元。这件事我本来做得津津有味，但近来廷灿屡次力谏我，说我拖着一件有责任的职业，常常工作过度，于养病不相宜。我的病态据这大半年来的经验，养得好便真好，比许多同年辈的人都健康，但一个不提防，却会大发一次，发起来虽无妨碍，但经两三天的苦痛，元气总不免损伤。所以我再三思维，已决意容纳廷灿的忠告，连这一点首尾，也斩钉截铁地辞掉。本年分所领津贴已经退还了（七月起），去年用过的五千元（因为已交去相当的成绩），论理原可以不还，但为省却葛藤起见，打算也还却。现在定从下月起，每月还二百元，有余力时便一口气还清。你们那边营业若有余利时，可替我预备这笔款，但不忙在一时，尽年内陆续寄些来便得。

民国十七年八月二十二日 爹爹

钱氏家训

导言

千年前，钱氏先祖、武肃王钱镠，在五代十国的乱世中，以"保境安民"为国策建吴越国，由是，"钱塘富庶，盛于东南"；千年后，钱氏俊彦灿若繁星：除了钱学森、钱三强、钱伟长、钱玄同、钱穆、钱锺书、钱永健这些如雷贯耳的名字，三十多世的钱王后裔，近代钱氏人才的"井喷"尤甚，仅遍布海内外的科学院院士就有 100 多人。如此璀璨辉煌的姓氏和家族，不禁让人想要去揭秘、探寻钱氏千年繁荣背后的密码。

钱镠临终前曾向子孙提出十条要求，称"武肃王遗训"，被后世整编为《钱氏家训》。家训基于儒家修齐治平的道德主张，从个人、家庭、社会、国家四个层面，为后世订立了详细的行为准则。它是王族遗训，因此立意高远；是治国纲领，因此主张实效；是行为准则，因此尊崇儒道；也是传家之典，因此行知合一。它在吴越江南人杰地灵的文脉里滋养了千年，在近代风起云涌、中西交融的时局中又浸润了百年，代代相传，历久弥新，早已成为每一个钱氏子孙的立身之本、旺族之纲，同时更是留给今人宝贵的精神遗产，也是当下每个中国家庭的成长宝典。

钱氏家训
个人篇

心术不可得罪于天地，言行皆当无愧于圣贤。

曾子之三省勿忘，程子之四箴宜佩。

持躬不可不谨严，临财不可不廉介。

处事不可不决断，存心不可不宽厚。

尽前行者地步窄，向后看者眼界宽。

花繁柳密处拨得开，方见手段；

风狂雨骤时立得定，才是脚跟。

能改过则天地不怒，能安分则鬼神无权。

读经传则根柢深，看史鉴则议论伟。

能文章则称述多，蓄道德则福报厚。

心术不可得罪于天地

翻译： 存心谋事不能够违背规律和正义。[1]

注释：（1）心术：居心，用心。（2）得罪：冒犯，违背。

（3）天地：天和地，自然社会的主宰，代表规律和正义。

精神核心： 心明。

|钱氏故事|[2]

钱永健

钱永健 1952 年出生于美国纽约，在新泽西州利文斯顿长大。他的父亲钱学榘是著名的空气动力学家，是钱学森先生的堂弟。良好的家教让钱永健从小就接受了良好的教育。他发明的多色荧光蛋白标记技术，为细胞生物学和神经生物学的发展带来了一场革命。

2008 年 10 月，美籍华裔的钱永健与日本的下村修、美国的马丁·沙尔菲共同获得该年度的诺贝尔化学奖。除此以外，钱永健早在 2004 年就获得过有"诺贝尔指针"之称的沃

---

① 释义原载：《剡西长乐钱氏宗谱》。

② "钱氏故事"内容多节选自《钱氏家训新解》，牛晓彦编著，2014.8。

尔夫医学奖，并且，他还拥有不少于 60 项的美国专利发明。

钱永健在化学上的成就是显著的，这样的荣誉来源于他艰苦卓绝的努力和异于常人的天赋；但在获得诺贝尔奖的时候，他却并没有将荣誉紧紧抱在怀里，而是对奠基者、帮助者表达了诚挚的谢意。

同时，钱永健直言告诫年轻人：如果把奖项当做科学研究的一个目的，那么难免将面对失望。他不争名，不逐利，用自己的谦逊、正直和感恩的态度展现出了一个君子的风范。

言行皆当无愧于圣贤

翻译： 言行举止都应不愧对圣贤教诲。

注释： （1）无愧于：不愧对。（2）圣贤：圣人和贤人，品德高尚、才智超凡的人。这里指圣贤教诲。

精神核心： 身正。

|钱氏故事|
嘉兴海盐钱氏

嘉兴海盐钱氏是吴越钱氏的众多分支之一，这个分支的起源可以追溯到元末明初时期。当时，宜兴蒙山支第十四世孙钱正之子钱富迁居海盐，从此形成了海盐支脉。

明朝初期，钱氏族人钱琦考中进士，为官清廉。他的侄子钱薇，在明代嘉靖年间中进士，官至礼部给事中，同样也秉持着正直的品格，不媚流俗。钱薇虽然是一个七品小京官，却被人称为"吃了豹子胆"。他见嘉靖皇帝热衷于仙道，荒芜朝政，倍感忧虑，于是就买好棺材，冒死进谏嘉靖皇帝。嘉靖皇帝恼羞成怒，大奸臣严嵩等人更是火上浇油，钱薇被杖责一百，又削职为民，可他正直的名声却传遍了天下。

海盐钱氏家族到了天启年间又出了名臣钱嘉徵。钱嘉徵是钱镠第二十四世孙，生活在晚明天启时期。当时宦官魏忠贤把持朝政，鱼肉百姓。他当时虽然只是一个小小的国子监贡生，并没有什么权力，可是却正气凛然，他奋笔写下了《钱嘉徵疏》，弹劾权倾朝野的魏忠贤。奏本历数魏忠贤十大滔天罪行，满腔义愤，力透纸背。

消息一出，天下震惊，人们赞誉钱嘉徵为"直声动天下""击奸第一声"。后来，钱嘉徵的事迹还被记载在《明史》里，流芳百世。

钱薇在嘉靖皇帝不理朝政、权臣当道的时候，敢于直面危难，为民请命；钱嘉徵以一个小小的贡生身份傲然发难，终于扳倒奸臣，名垂青史。可见正直的人具有巨大的力量，他们身正、心正、人正的气概动人心魄。

曾子之三省勿忘

翻译： 曾子"一日三省"的教诲不要忘记。

注释： 曾子之三省：曾子"一日三省"的自我修养主张。《论语·学而》记载，孔子弟子曾子每天都从"为人谋而不忠乎？与朋友交而不信乎？传不习乎？"三个方面自我反省，以提升德行修养。

精神核心： 自省。

| 钱氏故事 |

钱玄同

钱玄同是现代的语言学大家，也是五四新文化运动中的得力战将。不过，钱玄同并不是从开始就主张变革的，后来随着形势的不断更新，他才开始不断自省自己的学术思想，经过两次"自我背叛"，才实现了从复古向新文化的"蜕变"。

钱玄同早年学术上受章太炎影响很深，并因此走上了汉语言文字学的研究道路。归国后，随着"疑古"学派的兴起，钱玄同主动偏离了之前自己的方向，他对古文经学"信古"的态度有所不满，所以偏向了"疑古"的今文经学，显示了钱玄同对学术变革的认同。

但很快，随着社会形势的变化，钱玄同再次自省，修正了自己的方向。1915 年和 1917 年的两次帝制复辟，使钱玄同大受刺激，他彻底反省了自己的思想，并在新思想的带动下，由恢复以前汉民族的"古"进而发展到反对复古，积极投身于新文化运动。这是钱玄同的第二次"自我背叛"。

当时学界兴起了"改用万国新语（即世界语）"的思潮，钱玄同最初主张推广使用世界语，后来认识到，这是抱有世界大同之理想而改革文字的一种急进派主张，现代的中国则只能提倡国语，于是抛弃旧有的主张，开始全力投入推广国语的工作中去。

在现代中国文字学和语言学的发展过程中，钱玄同居功至伟，而他不断自省的学术方向，迎接新潮流、顺应新时代的自省、求变精神，则更为人们留下了宝贵的遗产。钱玄同的不断自省和修正自己的方向，换来了斐然的学术成就和在学界不可动摇的地位。

程子之四箴宜佩

翻译： 程子用以自警的"四箴"应当珍存。

注释： （1）程子之四箴：宋代大儒程颐的自警之作《四箴》。孔子曾对颜渊谈克己复礼，说："非礼勿视，非礼勿听，非礼勿言，非礼勿动。"程颐撰文阐发孔子四句箴言以自警，分"视、听、言、动"四则。（2）佩：佩戴，意思是珍存以作警示。

精神核心： 尊礼。

|钱氏故事|

钱沣

钱沣，字东注，号南园，是清乾隆年的名臣。擅画瘦马，又被世人称为"瘦马先生"或"瘦马御史"。

钱沣自幼家贫，但在母亲李氏的坚持下继续读书，十几岁时便已显示出自己的才能，当时的人称之为"滇南翘楚"。钱沣31岁中进士，历任翰林院编修、监察御史、湖南学政、通政司副使、江南道监察御史、通政司参议加太子太保、吏部尚书、协办大学士。

钱沣一生始终遵循孔孟之道，保持高风亮节。他在京为官期间，生活极为简朴，轻衣简从，遇上躲不开的宴请，便有意不吃桌上的佳肴。钱沣常年为御史，负责监察百官，是个"金饭碗"，可他始终坚守"非礼勿动"的信条，不爱财，更不受贿，生活清苦甚至到了窘迫的地步，遇事时常需要向友人借贷。

钱沣深受儒家思想的影响，一生勤勉于公务，执政严明，待人宽厚，助贫为乐，用自己的行动实践着"非礼勿视，非礼勿听，非礼勿言，非礼勿动"的儒家信条。

持躬不可不谨严

翻译：要求自己不能够不谨慎严格。

注释：持躬：律己，要求自己。

精神核心：慎独。

| 钱氏故事 |

钱学森

提起钱学森的名字，可谓无人不知、无人不晓。他是享誉海内外的杰出科学家和中国航天事业的奠基人，中国"两弹一星"功勋奖章获得者之一。钱学森自幼受到的教育非常良好，这不但使他成绩优异，而且还养成了"慎独"的良好品德。

1933年，22岁的钱学森在国立交通大学机械系读三年级。在一次水力学考试时，一贯满分的钱学森发现了自己的一处小错误：不小心把"Ns"写成了"N"。事实上只要悄悄修改，便不会有丝毫破绽。在当时交通大学重视考分的氛围下，钱学森依然主动找到教授金悫，要求扣除相应的分数，最后得了96分。

钱学森的这一行为让金教授极为赞赏，他将这份难得的试卷珍藏了40多年，直到1980年钱学森回到母校看望师生，金教授才拿出这份"文物"捐赠给了上海交大档案馆。

钱学森主动要求扣分的故事被传为佳话，这个小小的故事可以折射出他"慎独"的品质光辉——即使在无人知道的情况下，即使在可能危及前途的情况下，依然能够做到自律，这是多么不容易的事情。

临财不可不廉介

翻译：面对财物不能够不清廉耿介。

注释：廉介：清廉耿介。耿介，正直而有骨气。

精神核心：忌贪。

| 钱氏故事 |
钱锺书

作为一名学贯中西的大家，钱锺书在生活中却有点特立独行。钱先生姓钱，他的一生似乎很少缺钱，但也没有发过财，应该说他是一位精神上的贵族。

困居上海的时候，他曾经窘迫过一阵。钱锺书有一本写满了密密麻麻批注的《牛津大辞典》，牛津大学以及英国一家知名出版社得知后，不惜重金求购版权，均被钱锺书拒绝；与钱锺书签署了《围城》版权协约的美国好莱坞片商多次邀请钱锺书夫妇访美，亦被婉拒。还有一次，美国普林斯顿大学开出 16 万美金的"天价"邀请钱锺书赴美讲学半年，可他明确回复对方：那边的学生还没达到一定的程度，即使过去讲课也只是浪费时间。对方这才作罢。

凡进过钱先生家的人，都不禁惊讶于他家中陈设之简朴。也没有人知道钱先生究竟看过多少书，因为他家里几乎没有书。钱锺书应该是把知识都装进脑子里了吧。

钱先生有句名言：我都姓了一辈子钱了，难道还迷信钱吗？

存心不可不宽厚

翻译： 起心动念必须要宽容厚道。

注释： 存心：打算，居心。

精神核心： 仁厚。

|钱氏故事|
钱玄同

钱玄同在北大讲授音韵学期间，有一位名叫李锡予的广东籍学生发现授课的内容有一点小小的错误，由于忌惮先生的权威，便用写信的方式告知。而钱玄同却当众宣读了他的来信，并坦言自己不是广东人，对于广东音韵不甚了解；还表扬了李锡予，希望大家都能独立思考。钱玄同作为语言学的大师，却一点架子都没有，这种宽厚的仁者风范得到了大家的交口称赞。

钱玄同还亲切地称自己的孩子们为"世兄"。"小世兄"初入小学时，钱玄同在外经常打电话回家询问，知道没事才能放心；儿子成人后的婚姻大事，他更是秉持宽容的一贯态度，绝不横加干涉。

学术上的宽容仁厚使钱玄同获得了更加丰富的学识，生活里的宽容仁厚使钱玄同获得了无数的朋友、和谐的人际关系。钱玄同的待人观告诉世人：一个人的仁厚释放得越多，就越容易获得尊重，在众人的拥戴下取得成功。

尽前行者地步窄

翻译： 只知往前走的处境会越来越狭窄。

注释： 地步：处境。

精神核心： 多思。

| 钱氏故事 |

钱伟长

钱伟长是中国近代力学之父，他曾经的求学经历可以说是勤于思考的典范。

钱伟长中学毕业后，凭借优异的中文和历史成绩被清华大学历史系录取。入学后，恰逢日军侵占东三省，钱伟长深感学文无法救国，于是想转系改念物理。

可是钱伟长入学时的物理成绩只有五分，在他的软磨硬泡之下，物理系主任吴有训才勉强答应。为了赶上进度，钱伟长拼命补习中学的数理化知识，采用自己学习文史时行之有效的方式——背诵，来进行恶补，废寝忘食，可是却收效甚微。他花了很多时间思考，并请教同学，终于明白了：学习理科，死背是没有用的。相反，只要弄懂公式，找到规律，自然就不会忘记。仅仅一年时间，钱伟长凭借他的努力、聪颖以及行之有效的学习方法，他的物理成绩达到了吴有训的标准。而吴先生不求学生死记硬背的授课方式也给了钱伟长很深的影响，等到大学毕业时，钱伟长已经成为物理系成绩最好的学生之一。

或许是因为这一段经历，在钱伟长后来的科研和教育生涯中，对于死记硬背的做法都深恶痛绝。他这种重视思考的教学思路在当时影响了大批学生，为新中国的科学界培养了大批人才。

向后看者眼界宽

翻译：懂得回头看的见识会越来越宽。

注释：眼界：目力所及的范围，借指见识的广度。

精神核心：视野。

|钱氏故事|

钱学森

大多数人可能只是将目光集中在钱学森对导弹、卫星等尖端科研项目的贡献上，而事实上钱学森是一位文、理、工结合的"全能"型科学家。20世纪80年代初，钱学森提出了由系统工程、系统学、开放的复杂巨系统等理论组成的"系统科学"思想，开始了一场对不同领域的科学技术问题的全面解读，这一理论具有很大的前瞻意义。

钱学森的"系统科学"观点总能被应用到不同的领域而推出新的理论。例如几十年后他提出的建设"山水城市"的概念，这与现在建设环境友好型社会的提议有着很多相似之处。

2007年国务院总理温家宝看望钱学森时，钱学森又提出

"教育就是要把科学技术和文学艺术结合起来"，这对于今天我国的教育来说，依旧有着很大的指导意义。

花繁柳密处拨得开，方见手段

翻译：花丛密布柳枝繁杂的地方能够开辟出道路，才显示出本领。

注释：手段：本领，能耐。

精神核心：能耐。

| 钱氏故事 |

钱学森

1965 年，中央专门委员会召开会议批准了我国第一颗人造卫星的规划方案，代号"651 工程"。可是计划刚刚确定下来不久，"文化大革命"就开始了，而知识分子云集的中科院首当其冲，秩序被完全破坏。

担任"星——箭——地面系统"三方总指挥的钱学森倍感压力，在 1968 年 2 月的国防科委"651 工程"动员大会上面对"造反派"的刁难，他抓住时机，将毛泽东同志的批示作为有效的反击武器，终于让"造反派"无话可说；同年6月下旬，面对仿真实验时晃动幅值达几十米的异常情况，钱学森再次站出来，用详实的论述安定了人心。

在"文化大革命"期间，钱学森受命于危难之际，顶住巨大压力，他多次召集工作人员开会讨论，不厌其烦地详细了解汇报中反映的大小问题，落实解决，做到了万无一失。1970年4月，我国第一颗人造卫星成功发射。

就是在这样艰苦卓绝的环境下，钱学森以一己之力，竭尽所能，保障了科研工作安全有序地运行，其"花繁柳密处拨得开"的能耐实在令人佩服。

风狂雨骤时立得定，才是脚跟

翻译： 狂风大作暴雨肆虐的时候能够站立得住，才算是立定了脚跟。

注释： 脚跟：立定脚跟，形容站得稳、不动摇。也写作"脚根"。

精神核心： 坚定。

| 钱氏故事 |

钱穆

　　钱穆先生是中华文化的坚定倡导者和传播者，他一生经历风雨，辗转祖国大陆、香港、台湾等地，可是无论世事如何变迁，他坚韧的性格、坚定的态度却不加稍改，这从他经历的两次学潮中可略见一斑。

　　第一次学潮发生在钱穆的中学时期。1907 年冬，钱穆考取了常州府中学堂。在他四年级面临年终大考那年，一位名叫陈士辛的新舍监上任（类似于训导长）。他设置了修身课，由于陈舍监只重视规章制度，与学生相处得不好，酿成了学生反抗陈士辛的学潮。此时钱穆被推举为学生代表前去与校方谈判，要求减去修身课，却遭到校方以"集体退学不在校规之内"加以拒绝。钱穆毫不妥协，经过考虑，他决定拒考并退学。

　　第二次学潮则发生在钱穆的执教时期。1923 年 5 月，全国各地爆发收回旅顺、大连等日本租界的爱国运动，当时钱穆正在执教的集美学校的学生也参与了这次反日宣传和抵制日货运动。然而校长叶渊却以"鼓动学潮，破坏学校"为由开除了两名学生代表，继而又开除了十多名被激怒而罢课的学生，双方僵持不下，冲突愈演愈烈。钱穆对此深表不满，想要调停却没有成功，为此他毅然辞去了集美学校下学年的聘请，重返家乡无锡。

20世纪50年代初，钱穆在香港初创新亚书院时，办学条件异常艰苦，但他凭着坚定的决心和无畏的精神，硬是在这样艰苦的环境中赤手空拳创业兴学，最终把新亚书院办成了香港一流的大学。

钱穆先生在两次学潮中的坚定勇敢展现了他高尚的人格；在创办新亚书院时，最终从无到有、从小到大地成就了一所一流名校。坚定的品格在关键时候所迸发出的力量实在令人感慨！

能改过则天地不怒

翻译：能够改正过错天地就不再生气。

注释：过：过失，过错。

精神核心：纠错。

| 钱氏故事 |
钱锺书

幼年时的钱锺书有些贪玩，暑假中父亲外出公干，不料假期刚过半，父亲却提前回来了。见到钱锺书的功课没有长进，父亲很生气，干脆把钱锺书痛打了一顿。从那以后，小小年纪的钱锺书认识到了自己的过错并用心改过，读书变得很用功，文章更是有很大进步。发展到青年时代，钱锺书凭借自己过人的聪慧，已经被人称为"民国第一才子"。

可是在进入清华大学外文系读书后，青年钱锺书却再次恃才自傲了起来，尤其不把他的导师吴宓教授放在眼里。后来，随着钱锺书的人生阅历逐渐丰富，他开始意识到了自己的无知和狂傲，晚年更是闭门谢客，淡泊名利。

有一次，钱锺书路过昆明，特意去西南联大向恩师吴宓赔罪；在 1993 年春，钱锺书又在恩师女儿的《吴宓日记》中附入了一封自我检讨信。

钱锺书先生自幼聪慧，青年时期已经名满天下，成年之后的学术成就更是出类拔萃，这些成就的取得应该说是与其知错能改的态度相伴随的。没有幼年的那次纠错，就没有潜心学术的态度；没有成年之后的改错，就没有学术成就的不断进步。

能安分则鬼神无权

翻译： 能够安守本分鬼神也无可奈何。

注释： 无权：没有权利，无可奈何。意思是不能把人怎么样。

精神核心： 守己。

| 钱氏故事 |
钱陈群

钱陈群，字主敬，号集斋，是钱镠的第二十五世孙，也是明代名人钱瑞徵之孙。钱陈群是康熙六十年的进士，他为官三十年，正好是"康乾盛世"的重要时期。乾隆年间，钱陈群历任内阁学士、刑部左侍郎、太子太傅、刑部尚书等要职。

钱陈群任顺天府学政时，培养了一批优秀人才；乾隆十六年，出任会试主考官，该榜进士纪昀、刘墉等人皆称钱陈群为恩师。钱陈群因才学受到乾隆皇帝的赏识。

尽管钱陈群官位甚高且是皇帝的宠臣，他却安分守己，对工作一丝不苟。在审理犯人时，哪怕遇到与自己政见不同的罪臣，也能戒除成见，反复甄别；对朝局、时政非常关心，常体察社会时弊并上书奏呈。

钱陈群两袖清风，告老还乡回到嘉兴后，一家人同老母亲一起租住于天官牌楼内，由于他为官清廉，生活一度非常拮据。乾隆皇帝得知后，下旨给予钱陈群"正一品食全俸"的待遇，钱家的生活才得到改善。

钱陈群历经三朝而不倒，他本人也是皇帝身边的近臣，朝中很多名臣都是他的学生，可是钱陈群却没有丝毫骄横跋扈。他安分守己，做好本职工作，为民请命，淡泊处世，留下了一世清名。

读经传则根柢深

翻译： 熟读古书才会根基深厚。

注释： （1）经传：原指经典古书和解释经典的书籍。也泛指比较重要的古书。（2）根柢：树木的根，比喻事业或学业的基础。

精神核心： 读书。

| 钱氏故事 |
钱锺书

幼年的钱锺书就对书籍产生了浓厚的兴趣，常用零花钱在书摊上租小说看。知识大增的钱锺书随后考取了美国教会学校桃坞中学，在那里钱锺书又爱上了哈葛德、狄更斯等人的外国小说，而这又坚定了他学好英文的念头，决定了他后半生的人生走向。

1929 年，钱锺书以优异的国文和英文成绩被清华大学外文系录取。在清华图书馆，他博览中西新旧书籍，吸收了大量的知识，境界比以前又开阔了许多。凭着读书的积淀，钱锺书的学术功底和卓越才华震惊了全校师生，被誉为清华大学"三才子"之首。

即使在"文化大革命"期间，钱锺书和杨绛夫妇二人被送去劳改，他们依旧不改读书的习惯。

读书是钱锺书一生的坚守，也正是因为这一习惯，他成为了学贯中西的大家。"读经传则根柢深"，可以说是钱锺书人生最好的注脚。

看史鉴则议论伟

翻译： 了解历史才能谈吐不凡。

注释： （1）史鉴：能作为借鉴的历史事实。（2）议论：谈论，谈吐。（3）伟：才识卓越。

精神核心： 明鉴。

| 钱氏故事 |

钱穆

钱穆是江苏无锡人，他 11 岁丧父，家庭很困难。由于家贫及当时社会动荡，18 岁的他中学未能毕业即退学，只好自学；但也正是在那一年，钱穆开始了"读书、教书、著书"的人生历程。

1930 年，35 岁的钱穆凭借《刘向歆父子年谱》一举成名，进入燕京大学任教。不久后，又被聘为北京大学教授，在这里，钱穆十几年的史学功底，让他在讲课时旁征博引，有据有识，课程深受学生的喜欢。钱穆的记忆力极强，擅长演讲和辩论。在教风、学风自由的北大，钱穆常用史实为依据和胡适、顾颉刚等师生进行辩论，精彩纷呈，影响了一大批学生。

同样得益于深厚的史学功底，钱穆的著述日渐丰富。他的传世之作有《先秦诸子系年》《中国近三百年学术史》《国史大纲》《清儒学案》等，是无可争辩的国学大师。他自学成才，在中国现代史学界中，自成一派，主张博通以区别于一味求专精的主流。

"看史鉴则议论伟"这句话用在钱穆身上再合适不过了。

能文章则称述多

翻译：擅长写作才能有丰富著作。

注释：能：擅长，善于。

精神核心：擅书。

| 钱氏故事 |

钱锺书

钱锺书小时候非常喜欢读书，随着阅读量的增加，他的写作能力也得到了飞速的提高。在父亲钱基博的有意培养下，钱锺书更是文采斐然：替父亲为人撰写墓志铭，无人看出是钱锺书的手笔；又替父为钱穆先生作序，钱老先生竟然没有改动一字。

后来钱锺书考入清华大学外文系，又留学英法。随着人生阅历的逐渐丰厚和学识的渐趋渊博，他的写作能力更是一日千里。他用诙谐笔墨写成的长篇小说《围城》，是中国文学史上一部风格独特的讽刺小说，被誉为"新儒林外史"，更是倾倒当时读书人。

与此同时，钱锺书的"能写"不但体现在文采上，而且是有深厚的学术根基作为基点，《管锥编》就是钱锺书研读《周易》等古籍所作的札记和随笔汇总，引用了大量的西语原文，奠定了他的学术地位。

此外，钱锺书还著有《谈艺录》，这是一部集传统诗话之大成的书，也是第一部广采西方人文、社科新学来诠评中国古典诗学诗艺的书。这样的成果，堪当"能写"之名。

蓄道德则福报厚

翻译：蓄养道德才能有大的福报。

注释：（1）蓄：蓄养。（2）厚：大，指回报。

精神核心：厚德。

|钱氏故事|

钱正英

钱正英是共和国屈指可数的女部长之一。她 19 岁就从上海大同大学土木工程系毅然投笔从戎，参加了新四军。新中国成立后，钱正英从 1952 年起历任国家水利部副部长、部长，风风雨雨几十年，可谓殚精竭虑，功勋卓著。

可是当她接受采访时，却谈起自己的失误来：只重视经济用水，没有认识到河流的环境生态和环境需水；只研究开发水源，而不注重提高用水效率。并在卸任多年后，坦言新疆塔里木河断流是自己的过失。

除了心怀坦荡、勇于担当之外，钱正英还是一个至情至性、铁面无私的人。她多次批评社会上出现的各种形式主义的学术论证，还公开撰文称担心我党内部的腐败问题，这样的快人快语、心系家国，堪称一个时代的楷模，令人敬佩。

钱氏家训
家庭篇

欲造优美之家庭，须立良好之规则。

内外六闾整洁，尊卑次序谨严。

父母伯叔孝敬欢愉，妯娌弟兄和睦友爱。

祖宗虽远，祭祀宜诚；子孙虽愚，诗书须读。

娶媳求淑女，勿计妆奁；嫁女择佳婿，勿慕富贵。

家富提携宗族，置义塾与公田；岁饥赈济亲朋，筹仁浆与义粟。

勤俭为本，自必丰亨；忠厚传家，乃能长久。

欲造优美之家庭，须立良好之规则

翻译： 想要营造幸福美好的家庭，必须建立适当妥善的规矩。

内外六闾整洁，尊卑次序谨严

翻译： 里里外外的街道房屋要整齐干净，长幼之间的顺序伦理要谨慎严格。

注释： （1）闾：本意是里巷的门，这里指街道房屋。

（2）尊卑：身份的高低，在家里主要指长辈和晚辈的区别。

精神核心： 秩序。

| 钱氏故事 |

钱学森、蒋英夫妇和长子钱永刚

钱学森和蒋英夫妇对孩子的教育非常严格。钱永刚（钱学森长子）在接受采访时说，父母的"身教"多于"言传"。钱学森虽为祖国的科技事业做出了巨大贡献，个人生活却非常简朴。多年来，他的着装和书房一样，朴素但井然有序。同时，钱学森又很有生活情趣，喜欢听古典音乐，并乐于自己打扫卫生。

在父母的影响下，钱永刚也养成了重视秩序的良好习惯，和父母一样，多年来他一直保持着即使吃饭时也要穿戴整齐，并每天早晚各打扫一次楼前的空地。

钱学森和蒋英夫妇对孩子的教育之所以成功，可以说正是家规和家训的巨大影响使然。他们保持家庭整饬洁净的做法，也是遵从秩序的表现。

父母伯叔孝敬欢愉，妯娌弟兄和睦友爱

翻译： 对父母叔伯要孝敬承欢，对妯娌兄弟要和睦友爱。

注释： 欢愉：欢乐愉快，指的是使父母叔伯欢乐愉快，即承欢。

精神核心： 亲爱。

| 钱氏故事 |
钱学森、钱学榘兄弟

钱家是个大家族，钱学森的堂兄妹、表兄妹很多，其中与钱学森接触最多、关系最近的则是他的堂弟钱学榘，两人关系之密切不亚于亲兄弟。

钱学森的父亲钱均夫对钱学榘从小就非常关爱，视如己出。他负担了钱学榘姐弟的学费，并在关键时刻，激励钱学榘努力上进，因此钱学森、钱学榘的学历和经历都极为相似。

钱学榘先是放弃了已经考取的浙江大学，转而以高分考取了钱学森就读的上海交通大学攻读机械专业，两人成为校友；毕业后，钱学榘再次受到钱均夫的激励，决定追随堂兄的脚步，最后于 1936 年被麻省理工学院航空系录取，兄弟二人再次成为校友。后来钱学榘获得了麻省理工学院航空工程博士学位后，一直留在美国从事航空研究，并成为了美国波音公司高级工程顾问。

1949 年，钱学森曾经劝说钱学榘回国，出于理念上的差异，钱学榘选择留在了美国，但是多年来兄弟二人的情谊却没有因此减少。

钱学森、钱学榘兄弟互相提携、互相关爱、互相激励的故事传为美谈，他们之间的这种特殊情谊为人们处理家庭关系、亲戚关系树立了良好的标杆。

祖宗虽远，祭祀宜诚；子孙虽愚，诗书须读

翻译： 祖先虽然年代久远，祭祀也应该虔诚；子孙即便头脑愚笨，也必须读书学习。

注释： （1）祖宗：对始祖及先辈中有功德者的尊称。

（2）诗书：本义指《诗经》和《尚书》，后常泛指书籍。

精神核心： 传承。

| 钱氏故事 |
钱玄同、钱三强父子

钱玄同是五四新文化运动时期的风云人物。同时，钱玄同也在家庭内部坚定不移地向儿子钱三强灌输民主与科学的新思想。为了让他体验"改造社会"的艰辛，钱玄同带着仅6岁的钱三强一起参加了"五四"游行。

在钱三强的学习过程中，钱玄同始终保持不强制、不包办的态度，让他可以根据自己的爱好和兴趣去选择自己未来的发展方向。钱玄同没有强制儿子接自己研究语言文字的班，欣然同意了他学习工科的想法。

而在钱三强学习遭遇挫折、打退堂鼓时，钱玄同又多次鼓励儿子。在父亲的激励下，钱三强先是攻克了基础薄弱的英文，从北大预科班成功考入清华大学物理系；后来又在父亲重病的艰难时刻，远赴巴黎求学深造。

在钱三强有了自己的孩子后，受到父亲的影响，对孩子们的教育也采取了相似的方法。在他的教育下，他的孩子钱思进也获得了斐然的成就。

钱氏家族对孩子的教育异常重视，诗书传家、教育立身的理念影响了一代又一代的钱氏族人。不管家境多么困难，不管世事怎样变化，加强对孩子的教育和引导，这是大多数钱氏人家的不二选择。在这方面，我们从钱玄同、钱三强、钱思进一门三杰的教育传承中不难看出端倪。

娶媳求淑女，勿计妆奁

翻译：娶媳妇要找品德美好的女子，不要贪图嫁妆。

注释：（1）淑女：品德美好的女子。（2）计：计算，打算。这里指贪图。（3）妆奁：古代妇女梳妆用的镜匣，代指嫁妆。

精神核心：娶贤淑。

|钱氏故事|

钱学森、蒋英夫妇 ①

　　说起钱学森和蒋英的相识，就不得不提起他们的父辈。钱学森的父亲钱均夫与蒋英之父蒋百里是好友，钱、蒋两家是世交。三岁那年，蒋英过继到钱家，读中学时还给钱学森弹过几首曲子，正是从那时起，两人心中渐渐升起懵懂的情绪，可谓青梅竹马。后来蒋英去德国学习音乐，钱学森赴美学习机械工程，一断便是十年。

　　1946 年，蒋英回国，次年在上海兰心大剧院举办个人演唱会，名声鹊起。也是在这一年，也许是命运的安排，蒋英重逢了同样留学归国的钱学森，两人再续前缘，并终于结为夫妻。

　　1947 年，蒋英放弃了刚刚起步的歌唱生涯，同钱学森再次赴美，那时钱学森攻读学位非常辛苦，常常早出晚归，蒋英很快适应了这份责任，变身为贤惠的夫人照顾钱学森的饮食起居。后来钱学森归国遭到美方的阻挠，甚至遭到软禁，蒋英经常与美国特工斗智斗勇，奔波劳碌却从来无怨无悔。

---

① 选自文章《航天之父钱学森：和蒋英从"兄妹"到夫妻，患难与共，至死不渝！》，搜狐网。

1955 年，钱学森一家终于如愿回到祖国，之后无论再大的风雨，他们夫妇都如磐石蒲苇一般坚韧不移，再也没有分开。有一次钱学森受邀领奖，他笑着对蒋英说："钱归你，奖（蒋）归我"，这句充满了幽默和爱意的"情话"，是夫妇二人一生患难与共、至死不渝的最好诠释和证明。他们的爱情穿越了历史的长河，沉淀为一段佳话。

嫁女择佳婿，勿慕富贵

翻译：嫁姑娘要选才德出众的女婿，不要羡慕富贵。

注释：慕：羡慕。

精神核心：嫁才德。

|钱氏故事|

钱锺书、杨绛夫妇

钱锺书和杨绛伉俪有着一段传奇般的爱情故事。杨绛出生于无锡的书香门第，其父杨荫杭是我国近代著名的革命家。

杨绛在清华读书时，非常引人注目，追求者众多。而当时的钱锺书虽在校园内名气很大，但是表面上却没有一点所谓的才子风度，显得很"老土"。可是杨绛并不以钱锺书的外表为意，两人被对方的学识所吸引，很快就开始恋爱了，并在第二年订了婚，于 1935 年夏天举行了婚礼。秀外慧中的杨绛和才高八斗的钱锺书结合之后，相濡以沫六十多个春秋，令人感叹。

钱氏家族中的伉俪除了钱锺书和杨绛夫妇，还有很多对，如钱伟长和孔祥瑛、钱学森和蒋英、钱三强和何泽慧等，这一对对夫妻彼此之间互相吸引、互相欣赏、互相关爱、互相成全的浓浓深情让我们不得不感慨钱氏家族在择偶观上的独到之处。

家富提携宗族，置义塾与公田
岁饥赈济亲朋，筹仁浆与义粟

翻译： 家庭富足时要帮助家族中人，设立免费的学校和共有的田地；年景饥荒时要救济亲戚朋友，筹备施舍的钱米。

注释： （1）提携：扶持，帮助。（2）宗族：家族。（3）义塾：旧时由私人集资或用地方公益金创办的免收学费的学校。（4）公田：这里应指家族共有的田地。（5）仁浆义粟：施舍给人的钱米。

精神核心： 帮亲。

| 钱氏故事 |
无锡七房桥村钱氏家族和怀海义庄

　　无锡七房桥钱氏家族是吴越王钱镠后代的一个分支。现在的江苏省无锡市新区的鸿山镇七房桥村坐落着"怀海义庄"，这是江南地区保存下来为数不多的民间传统慈善机构之一。钱氏家族和怀海义庄有着不可分割的联系。

　　"怀海义庄"发端于元末明初的"怀海堂"，起先是七房桥村族内长辈聚会的地方，后来改为义庄。乾隆在 1739 年下令嘉奖义庄，并颁布法令禁止转让宗族财产，义庄才得到保护与发展。其宗旨是"救灾周急、恤孤矜寡"。族内凡孤寡鳏独者均能领到义庄的钱粮，贫困学子都能在义庄的资助下上学。怀海义庄和普通的慈善机构不同，是一种以血缘和地缘为纽带的家族式凝合载体，其目的是向族中的贫弱家庭提供帮助。在青黄不接的季节，怀海义庄经常举办施粥、施粮的义举，而获得帮助的族人也会回捐钱物给义庄。历经数朝，义庄影响力越来越大，持续到民国时期。

　　怀海义庄的作用很大，现代著名史学家钱穆及其兄弟，著名物理学家钱伟长都曾因家贫在义庄的资助下得以上学，并成长为举世闻名的大家。一直以来，义庄对于钱氏家族中的困顿者提供了重要的帮助，并激发了他们巨大的精神力量。

勤俭为本，自必丰亨

翻译： 把勤劳节俭当做根本，一定会丰衣足食。

注释： （1）自必：必然。（2）亨：pēng，通"烹"，本意是煮（饭、菜、茶），这里指饭菜，指代衣食家用。

精神核心： 勤俭。

| 钱氏故事 |
"三钱"钱学森、钱伟长、钱三强

中国导弹之父钱学森、中国力学之父钱伟长、中国原子弹之父钱三强，这三个人在 1956 年制定我国"第一次 12 年科学规划"的过程中作出了巨大的贡献，被周恩来总理称为中国科技界的"三钱"。"三钱"是世界顶尖的科学大家，可是他们在家庭生活上，却全都秉持着节俭的理念。

钱学森先生一生淡泊名利。他在 1994 年和 2001 年两次获得百万港元的科技奖金，可钱还没到手，他就让人代捐给了科协沙草产业基金会，致力于祖国西部的沙漠治理。而可以享受国家领导人待遇的钱学森，五十年如一日住在老旧的楼房中，衣服、提包等也是一用再用，过着清贫的生活。

钱伟长先生在上海大学工作的近 30 年中，没有拿过一分钱工资。他以校为家，没有为自己购置过一处房产。钱伟长生活的朴素程度，通过他住地周边开花店和裁缝铺的江苏同乡口中就能了解一二。

钱三强和何泽慧夫妇虽然家中各方面条件和待遇都相对优越，但是他们用自己的实际行动给孩子立下了勤俭节约的榜样。孩子和普通人家的小孩一样乘坐公共汽车，穿着朴素，饮食也很简单，但在"为人"和"为学"上他们狠下功夫，都是同龄人中的佼佼者。

"三钱"在科技上的成就和卓越的贡献可以说无人能比，也理应获得比别人更多的财富，可是他们的生活却无一例外地简朴、节约，这不仅是一种勤俭持家的习惯，更是一种伟大的人格力量。

忠厚传家，乃能长久

翻译： 用忠实厚道传承家业，就能够源远流长。

注释： 乃：才，就。

精神核心： 忠厚。

| 钱氏故事 |
钱福

明朝的钱福是吴越国太祖武肃王钱镠之后，是明孝宗弘治年间的状元，也是著名的诗人，其所著《明日歌》传诵至今。钱福八岁就能写诗作文，才华雄视当世，难有人能与之比肩。更为难得的是，钱福还是一个很忠厚的人。

钱福中状元后，老家有位老学究为提高身价，便谎称自己是钱福的老师。后来由于无法圆场，只好连夜跑去找钱福说明原委，没想到钱福非但没有生气，第二天竟然亲自登门拜访，还谦恭地尽弟子之礼。

1493 年，钱福辞官回乡，恰逢老家松江水灾，便力劝当地知县发仓赈灾。知县见他已不是朝廷官员，就没有答应，但碍于情面还是请钱福去喝酒。在酒席上，钱福用对对子的方式含蓄地表达了百姓的疾苦，知县有感于钱福的才华和为民请命的大义，于是下令立刻开仓赈济灾民。

当地知府刘琬很想结交钱福这名状元，想请他赴宴，而钱福因和刘琬没有交情所以拒绝了。知府觉得钱福恃才"傲慢"，很不高兴。后来刘琬受人诬告，非常担心，而钱福得知此事，了解到刘琬纯属冤枉以后，亲自向办案官员说明缘由，并为其作保。刘琬大为感动，在后来钱福病逝时失声痛哭，并出资为他办理了丧事，以酬故知。

从钱福的三件小事中，可以看出他忠厚的个性，而"忠厚传家，乃能长久"也正是无数钱氏族人所遵循的传家理念。

钱氏家训
社会篇

信交朋友，惠普乡邻。

恤寡矜孤，敬老怀幼。

救灾周急，排难解纷。

修桥路以利从行，造河船以济众渡。

兴启蒙之义塾，设积谷之社仓。

私见尽要铲除，公益概行提倡。

不见利而起谋，不见才而生嫉。

小人固当远，断不可显为仇敌；君子固当亲，亦不可曲为附和。

信交朋友，惠普乡邻

翻译：用诚信结交朋友，把恩惠遍及乡邻。

精神核心：交友。

|钱氏故事|

钱学森与郭永怀 [①]

1941 年 5 月，郭永怀进入美国加州理工学院，与钱学森共同师从世界著名的航天工程学家冯·卡门，二人结下深厚的友谊。新中国成立后，他们经常一起商量回国事宜。1955 年，钱学森先回到祖国，郭永怀携家人次年回国。1957 年底，两人一起参与制定了"科学技术发展 12 年规划"，随后两人共同筹建中科大力学与力学工程系、化学物理系，开创了新中国的现代力学事业。

钱学森是力学研究所首任所长，郭永怀是力学研究所常务副所长；钱学森是大刀阔斧，非常果断，郭永怀是严谨细腻，非常周到；他们俩一个抓规划，一个抓落实，契合无间，亲如兄弟，被科学界称为"冯·卡门学派兄弟搭档"。

[①] 选自：李和娣，李佩. 科学报国至诚之交——钱学森与郭永怀是志同道合的好朋友. 中国科学院院刊，2011，（6）：729-732.

钱学森与郭永怀不仅系出同门，更是半师半友的莫逆之交。两人都缔造了传奇，在异域扬名却心系故土，毅然回国为新中国的科研事业携手奋斗。共同的理想、信念和爱好将他们二人紧密地联系在一起，平日里相互切磋学问，苦恼时彼此倾吐真情，紧要关头，则可以放手相托。

恤寡矜孤，敬老怀幼

翻译：救济寡妇怜惜孤儿，尊敬老人关心小孩。

注释：（1）恤：怜悯，救济。（2）矜：怜悯，怜惜。（3）寡：寡妇，死了丈夫的妇女。（4）孤：孤儿，幼年丧父或父母双亡的孩子。

精神核心：关爱。

| 钱氏故事 |

钱易

中国工程院院士钱易女士是著名国学大师钱穆之女，她数十年来致力于研究开发适合我国国情的高效、低耗废水处理新技术，对难降解有机物生物降解特性、处理机理及技术进行了卓有成效的研究。

钱易在"文化大革命"期间，被迫中断工作，被下放到江西开荒种地。1979年"文革"刚结束不久，但"开门办学"的方针一时还是没有改变。钱易白天给学生讲课，和他们一起劳动，晚上就和学生住在一起。

改革开放以后，教育事业逐渐走上正轨。钱易在学生心目中不仅是一位可敬的老师，生活上更是一位可亲的长辈。她曾经帮助一位贫困的研究生，主动向他提供经济资助，鼓励他克服困难继续读书，这名学生终于顺利完成学业，也成为了一名大学教师。

钱易的科研工作非常繁忙，但她始终尽量减轻助理的工作负担，对于一些琐事她总是亲力亲为；而对于学生发出的演讲、报告类的邀请，钱易也几乎有求必应。

钱易以自己的实际行动在学生面前树立起了"怀幼"的长者风范，这是对"恤寡矜孤，敬老怀幼"的自觉实践。

救灾周急，排难解纷

翻译：救济受灾的人民接济紧急的需要，为人排除危难化解矛盾纠纷。

注释：（1）周急：接济急需救济的人。（2）解纷：解决纠纷。

精神核心：救助。

| 钱氏故事 |

钱锺书

钱锺书先生对于那些需要帮助的人，从不吝啬自己的钱财。新中国成立后，钱锺书在文学研究所工作，他有一个习惯：对于向他借钱的人，无论多少，都是把钱数减半，但钱直接送人，无需归还。

钱锺书先生晚年的时候身体不好，由一位 50 多岁的护工阿姨看护。他对待这位护工向来态度亲善而尊重，经常自己忍受疼痛也不愿影响护工的休息。一次，钱锺书无意间得知这位护工阿姨盖房子缺钱，便让夫人杨绛第二天给她送来 3000 元钱。钱锺书去世后，杨绛又另外给了她 4 万元。一位普通的护工得到这样的关照，令她感动不已。

对于那些处于急难中的人，钱先生毫不吝啬，但是对于自己的生活，却没有一丝过分的要求。凡进过钱锺书家的人，都不禁惊讶于他家陈设的寒素。钱锺书先生对人对己的不同待遇，读来令人深思。

修桥路以利人行，造河船以济众渡

翻译：架桥铺路方便人们行走，开河造船帮助人们通渡。

精神核心：利民。

| 钱氏故事 |

钱伟长

　　钱伟长主张基础研究与应用开发必须紧密有机地结合起来。为了能够让科学技术发挥更大的惠民、利民作用，他根据不同地区的不同情况，提出了大量行之有效的建议：在福建马尾港，他建议在对岸水中堆积卵石，束水攻沙，解决了港口泥沙淤积的问题；在黄河口，他建议用水枪冲沙，冲开了淤积的拦门沙造成的河面冻结，解决了周围港口的建设问题；在甘肃，他建议用电力把黄河水送上高原，灌溉了500万亩良田，解决了当地民众长久以来"吃菜难"的问题；在云南，他建议恢复汉朝通商路线，把滇西变成了我国云贵川地区与东南亚各国之间的通商大道；改革开放后，钱伟长还在江苏的乡镇不遗余力地推广科学技术，使江苏沙洲从棚户区变成了繁华的江南集镇。

　　钱伟长超人的才华、坦率的品格和精辟的见解广为人知，他一方面埋下头来做研究，另一方面又千方百计地将科学技术推向民间，让人民从中获利。他用自己的独特方式实现了利国利民的宏愿。

兴启蒙之义塾，设积谷之社仓

翻译： 兴办孩子接受启蒙教育的免费学校，建立存贮粮食用以救济饥荒的民间粮仓。

注释：（1）积谷：储存粮食。（2）社仓：古代一种民办粮仓，不特指某个粮仓，而是一种储粮制度。一般没有专门的仓库而在祠堂庙宇储藏粮食，粮食的来源是劝捐或募捐，存丰补欠，用于救济。

精神核心： 谋福。

| 钱氏故事 |

钱穆

钱穆一生讲学、办学，从小学到中学、大学，60 余年，丝毫不辍。

1949 年，钱穆暂避香港时期，见到很多青年失业、失学，流落街头，心生不忍，他考虑许久，决定创办一所学校——

这就是后来著名的新亚书院。

初创的新亚书院条件异常艰苦，经费更是紧张。招收的学生大都没有能力缴纳学费，学校收入只有应缴费用的20%；学校宿舍也明显不足，很多师生不得不租住在校外。而出资支持钱穆办学的王岳峰也并非富商，随着他能力渐尽，新亚书院也一次次陷入经济窘困的境地。在这样的绝境中，钱穆硬是凭着一股"扎硬寨，打死仗"的精神，使新亚书院得以生存和发展，并逐步走上正轨。虽然条件简陋，但教授阵容却非常强大，连香港大学中文系都无法相比。新亚书院还经常开办讲座，进一步扩大了影响力，弘扬了祖国文化。

钱穆不求私利，为传扬文化，努力兴办义学；同时，他迎难而上的公益精神，也感动了无数人。他在"利己"和"利他"之间所做出的选择，对当今社会更具有现实意义。

私见尽要铲除，公益概行提倡

翻译：个人成见要全部去除，公众利益要全面提倡。

注释：（1）私见：个人成见。（2）铲除：连根除去，消灭干净。（3）概行：一律施行。

精神核心：去私为公。

| 钱氏故事 |

钱学森

1958 年，正值中国的三年自然灾害时期，中科院创办了中国科技大学，作为中科院力学研究所所长的钱学森也义不容辞地走上了中科大授课的第一线。当时，许多工农子弟家庭困难，连文具都买不起。钱学森毫不犹豫地将自己的学术力作《工程控制论》中文版稿费 11500 元悉数捐出，用于资助贫困学生，不但解决了经济困难，更给予了学生极大的精神鼓舞。

钱学森还长期心系中国的治沙产业。在 1994 年和 2001 年，钱老两次、分别将"何梁何利基金优秀奖"和"霍英东杰出奖"的奖金各 100 万港元捐给了沙草产业基金会，用于支持沙产业理论研究、扶持沙产业实体等方面的工作。

钱学森的一生都奉献给了祖国的科教事业，他在用自己的科学知识造福国家的同时，还热衷公益，这些事迹都被传为美谈。

不见利而起谋，不见才而生嫉

翻译： 不要看见利益就动心谋取，不要见人才高就心生嫉妒。

精神核心： 心胸。

| 钱氏故事 |
钱伟长

钱伟长早年留学海外，他以骄人的天分和不懈的努力做出了令冯·卡门、爱因斯坦这样的大师都赞叹的成就。他为了报效祖国，于 1946 年 5 月回国，并在两年后参与创建了北京大学力学系，由于该系学员后来大多成为了我国力学研究和教学的领军人物，因此钱伟长被后人称为中国近代的"力学之父"。

由于经济建设的经验不足，上世纪 50 年代我国高教界盛行"仿苏"之风，很多大学掀起了苏联模式化的院系调整。钱伟长立刻撰文指出苏联式的院系被拆分、人力被割裂不利于教学和科研，可他的建议不但没有被重视，还被扣上了"右派"的帽子，强制"劳动改造"。

即使遭到了这样不公的待遇，钱伟长还是保持着豁达的心胸。他在长期的劳动中向工人传授知识，尽自己所能帮助他们提高效率，并完成了很多新颖实用的发明创造，被称为"万能科学家"。正是这种自信而豁达的心胸，帮助钱伟长度过了非常岁月的人生波折，迎来了科学的新春天。

小人固当远，断不可显为仇敌

翻译： 小人固然应该疏远，但一定不能公然成为仇敌。

精神核心： 远小人。

| 钱氏故事 |

钱沣

清朝的御史钱沣在历史上留有清名，他一直都以儒家的道德标准严格要求自己，努力立德、立功、立言，堪为后世的楷模。

钱沣任御史二十余年，刚直不阿，清正廉洁，对于那些贪赃枉法、阿谀奉承的小人深恶痛绝。

乾隆年间，湖南巡抚浦霖上任，借寿辰之机检验湖南大小官员的"忠心"，并趁机收受礼金。钱沣当时只是湖南学政，面对自己的顶头上司，他送上了蜡烛和莲藕的贺礼，分别象征"直"和"节"的为官标准。浦霖生怕钱沣弹劾自己便干脆退回了所有贺礼，并且钱沣此举也没有让自己太失面子，事后也就没有刁难他。

乾隆四十七年，国泰被举报贪赃营私等不法行为，户部尚书和珅、都察院左都御史刘墉与钱沣三人一同前往山东查办此案。国泰是皇亲国戚，又得和珅通风报信，早就向商人凑齐了银两来掩盖库银短缺的真相。钱沣便设计迫使商人前来取银，银两被取走，真相大白。乾隆大怒，国泰伏法自尽，和珅也吃了哑巴亏，钱沣大获全胜，朝野震动。

钱沣面对浦霖、和珅等小人的时候并没有直接和他们对峙，而是凭借自己的智慧使事情得到了圆满的解决——既没有违背自己的信念，又没有招来横祸，其对"小人固当远，断不可显为仇敌"的训诫阐释得近乎完美。

君子固当亲，亦不可曲为附和

翻译： 君子固然应该亲近，但也不能失去原则一味追随。

精神核心： 不附和。

| 钱氏故事 |

钱玄同

钱玄同早年留学日本，在那里他结识了国学大师章太炎，章先生早年投身革命，在学术上的造诣也十分深厚。钱玄同很快就拜他为师，倾心于传统文化的研究，钱章两人一直保持着亦师亦友的关系。

钱玄同多年来潜心研究注音字母和"新式标点"，而章太炎长期主持国学讲习会，重视"师道""家法"等旧习。但钱玄同并没有因为对方曾是自己的老师就曲意逢迎，也没有回避问题，而是先明确指出"白话文虽为余杭师（指章太炎）摒斥"，然后阐明新标点的好处所在，说明自己要坚持使用新标点的原因。

对于钱玄同来说，不附和、不盲从不但是一种学术态度，也是一种人生理念。

钱氏家训
国家篇

执法如山，守身如玉。

爱民如子，去蠹如仇。

严以驭役，宽以恤民。

官肯著意一分，民受十分之惠；

上能吃苦一点，民沾万点之恩。

利在一身勿谋也，利在天下者必谋之；

利在一时固谋也，利在万世者更谋之。

大智兴邦，不过集众思；大愚误国，只为好自用。

聪明睿智，守之以愚；功被天下，守之以让。

勇力振世，守之以怯；富有四海，守之以谦。

庙堂之上，以养正气为先；海宇之内，以养元气为本。

务本节用则国富，进贤使能则国强；

兴学育才则国盛，交邻有道则国安。

执法如山，守身如玉

翻译： 执行法令像山一样不可动摇，保持节操像玉一样洁白无瑕。

爱民如子，去蠹如仇

翻译： 像爱护自己的子女一样去爱护百姓，像对待自己的仇敌一样去剪除蠹虫。

注释： 蠹：dù，蠹虫，咬器物的虫子，比喻危害集体利益的坏人。

精神核心： 原则。

| 钱氏故事 |

钱伟长

钱伟长热爱祖国，一生都在追求进步。

"九一八"事变后，具有强烈爱国思想的钱伟长毅然决定弃文从理。1939 年，钱伟长参加了留英公费生考试，从数千名考生中脱颖而出，和郭永怀、林家翘 3 人同时被录取。没想到同年 9 月，英国对德宣战，轮船停开，次年中英庚款基金会委托了一个英国人来给留学生们办理出国手续。就在钱伟长等人拿到护照登船时，他们发现护照上有日本领事的签证，于是愤怒地拒绝了这一"照顾"，放弃了出国。直到一年后他们拿到了新护照，才重新登船启程。

1947 年，美国邀请钱伟长全家赴美工作生活，开出了非常优厚的条件。但当钱伟长发现美方需要他宣誓"一旦中美交战，则他需要忠于美方"时，他明确予以了拒绝。

新中国成立后的 1957 年，钱伟长被扣上了"右派"的帽子，还被剥夺了科研、发表著作的权利。但他始终没有放弃自己的立场，默默忍受，等待科学的春天。

钱伟长用自己的实际行动向我们展示了一个立场坚定的人如何去面对纷纭的世事。

严以驭役，宽以恤民

翻译： 管理属下要严格，体恤百姓要宽厚。

注释： 驭役：管理属下。驭，驾驭，差遣。役，旧时供使唤的人，可译作"属下"。

精神核心： 严宽之道。

|钱氏故事|

钱镠

唐朝末年黄巢起义后，中原一带战乱频繁，政局动荡，百姓罹难。可是在这一片混乱之中，吴越国却如世外桃源，出现了少有的经济繁荣。

吴越国的开国者钱镠青年时弃商从军，因战功先后被唐王朝授为镇海、镇东军节度使，建立了包括今苏南、闽北、浙江全境等两浙十三州的吴越国。吴越国在钱王"善事中国，保境安民"国策的指导下，大力发展农田水利，广种桑麻，手工业、商贸业和文化事业进步巨大，又扩建了苏杭等中心城市。同时，钱镠效仿"周公吐哺"，网罗天下英才，择优录用；积极发展与日本、朝鲜以及西亚等国家和地区的外交与贸易。

继任者们将这一基本国策一以贯之，使得钱氏家族治理下的吴越国"钱塘富庶，盛于东南"。

在五代十国的混乱之中，钱镠与其后辈整肃吏治、体恤百姓，使吴越国成为经济繁荣、文化进步的天堂。可以说，"严以驭役，宽以恤民"的要求正是钱镠等吴越国君的真实写照。

官肯著意一分，民受十分之惠
上能吃苦一点，民沾万点之恩

翻译：官员如能用一分心力，百姓就能得十分利益；君王如肯受一点辛苦，百姓就能得万倍的恩惠。

注释：（1）著意：用心。（2）上：君王。

精神核心：爱民。

|钱氏故事|

钱名山 [①]

钱名山（1875—1944），字梦鲸，振锽。世居江苏常州菱溪，人称"江南大儒"。光绪二十九年（1903年）进士，官至刑部主事。

名山先生生活的清末民初，正是中国多灾多难的年代，在这样的时代背景下，他内心的忧虑、苦闷、彷徨无法释然。他清醒地意识到一腔抱负已无用武之地，失望之余，于宣统元年（1909年）毅然辞官归乡。回到故乡常州，他隐退而不隐居，以设馆授徒的形式，在乱世中传续中华文脉。

---

① 选自文章《钱名山与常州：一个人对于一座城的意义》，搜艺搜.
2007-10-20

名山先生还是一位慈善家，他的博爱仁慈驰誉江南。他对普通民众的疾苦充满了同情，许多诗篇反映出深切的爱民情怀。清光绪三十二年（1906 年），阳湖东北境芙蓉圩大水，田野、道路一片汪洋，名山先生参与赈务，不惜以老弱之躯挺身而出，既赈其灾，又为之讲水利。

离常州城约百里之马迹山，于 1930 年遭灾欠收，山民不饱，多斫树根，有饿毙者。名山先生专程到无锡，在公园鬻书，所得润资，全部用于赈灾。赈资不够，他又约常州文艺之士卖字画参加赈灾，并把马迹山遭灾的消息传播到上海，征集到书画什二千金。他还告诉无锡人，"马迹山昔者实隶锡"（马迹山以前隶属无锡）。于是锡人大施钱谷。名山先生遂挟面粉数百包、稻谷百余担至马迹，一日散毕。

1934 年，江南饥荒，溧阳最严重。名山先生赶到无锡，应红十字会之请，鬻书振宜溧之灾，得四百金。返到常州，宜溧难民至白家桥，名山先生赶紧把四百金全部散给灾民，乡人传有观音大士降。

几年后，常州遭遇百年未有之旱灾，而当政者仍然固守常规，不肯把囤积的粮食散发给饥饿的百姓。名山先生见之，忍无可忍，奋笔疾书，奔走呼号。他愤怒地说：粮食不是官绅种出来的，而是农民种出来的，农民是粮食的主人，而官绅只是代为农民看管粮库钥匙的人，现在主人饥饿，而看管粮库的仆人却不肯开仓，"此诚倒行逆施之事，我不知其说也！"

作为正统文人，名山先生却有着深厚而自发的爱民情怀。他对家乡常州倾注了深切的情感，为保一方平安做出了努力，对城市文化形成了深远的影响。"绚烂归平淡，真放本精微"是名山先生一生的写照，而"为善最乐，读书便佳"的祖训自名山先生始，在推崇"耕读传家"的常州乃至江南一带的钱氏家族中代代相传。

利在一身勿谋也，利在天下者必谋之

翻译：利益得在自己一人就不去谋取，得在天下百姓就一定谋取。

精神核心：谋众。

|钱氏故事|
钱学森

钱学森是新中国成立后第一批返回国内的科学家之一。

1935 年，钱学森赴美留学，成绩优异的他仅用一年就在麻省理工学院航空系获得了硕士学位。接着，钱学森又选择了加州理工学院研究航空工程理论，在读博期间他遇到了世界顶尖的空气动力学家冯·卡门，并受到了导师的青睐。钱学森在空气动力学和火箭等领域的研究在二战前后还受到了美国军方的高度重视和评价，美国海军次长丹尼·金布尔则"量化"了钱学森的价值，说他"在任何地方都抵得上 5 个师"。

新中国成立后，钱学森毅然放弃了美方的优厚待遇、一心回国，可是却遭到了美国当局的逮捕和拘禁，后来在中国的外交压力和努力周旋、以及周恩来总理等人的全力配合支持下，钱学森及家人终于在 1955 年回到祖国并顺利投入到新中国的科研建设中。

钱学森先生不顾自身安危、不计个人得失，为了新中国的富强，为了中华民族真正崛起于世界，放弃优厚待遇回到了当时一穷二白的中国，从零开始，从基础起步，带动新中国的科技走上了快速发展的轨道。钱学森的精神和古代仁人志士"以天下为己任"的情怀何其相似！

利在一时固谋也，利在万世者更谋之

翻译：利益得在当前一时当然也要谋取，得在千秋万代更要谋取。

精神核心：谋久。

| 钱氏故事 |
钱易

1994 年，钱易女士当选为中国工程院院士，成为当时清华大学为数不多的女院士之一。20 世纪 90 年代初，我国经济一路高歌猛进的时候，钱易却在一片大好的经济发展形势下看到了极为严重的环境隐患。为了引起各方面的重视，她一方面以科学家和人大代表的身份在各种场合呼吁政府和公众关注环保，另一方面开始在任教的清华大学开设《环境保护与可持续发展》这门课程。在钱易的努力下，该门课程的教学指导思想和水平在国内一直保持领先地位，而开设环保领域公选课这种思路，也逐渐被国内越来越多的院校选用。

可以说，钱易开创和主讲的这门课程，起到了巨大的示范和引领作用。她对于中国发展路子的思考非常超前，如今，可持续发展的理念早已成为大多数人的共识，钱易用自己的研究和实际行动告诉人们，没有长远的眼光，就不会有长远的发展之路。

大智兴邦，不过集众思
大愚误国，只为好自用

翻译： 才智出众的人能使国家强盛，不过是汇集了大家的智慧；极端无知的人会败坏国家大事，只因为总喜欢自以为是。

注释： （1）大智：才智出众，才智出众的人。（2）大愚：极端无知，极端无知的人。（3）自用：自以为是。《中庸》记载孔子曾说"愚而好自用，贱而好自专"。

精神核心： 集思。

| 钱氏故事 |
钱伟长

1946 年，钱伟长从海外回国，先后任清华大学教授兼北京大学、燕京大学教授。

钱伟长深知，完成任何科研任务，都必须发扬团队精神，只有群策群力、集思广益，才能收到最大的实效。钱伟长曾师从著名航天工程学家冯·卡门，受其影响，钱伟长在清华任教期间也采用了研讨班式的授课风格。

1983年—2010年间，钱伟长任上海大学校长。他借此契机将这一方法制度化并加以推广。在他的带领下，上海市应用数学和力学研究所各个部门纷纷采用小型研讨会的方式无拘无束地讨论问题。这种开放式的研讨，也很好地帮助了一些出国深造人员更好地适应国外的教学环境。

除此以外，钱伟长还有著名的"拆掉四堵墙"的主张，其中的"拆掉学校和社会之墙"最为引人注目。他认为，学校必须积极适应社会的变化，必须密切与社会的联系，不然无法办好学校。钱伟长重视集思广益的教育思想，具有启迪未来的先知价值。

聪明睿智，守之以愚

翻译： 即便聪颖明智，也要以愚笨自处。

注释：（1）此句为孔子之语，引自《孔子家语·三恕第九》。（2）此句中所言大智如愚，既是有德行的表现，也是自我保护的智慧。

精神核心： 大智若愚。

| 钱氏故事 |
钱三强和钱锺书

钱三强小时候就读的是北京的孔德学校，蔡元培亲任校长。他十分珍惜这样的读书机会，如饥似渴地学习知识，由于太过认真，被周围的同学戏称为"书呆子"。一开始，钱三强有些在意，父亲钱玄同却用古人的话开导他，让他认识到"呆"并没有不好，一片痴情，往往感天动地。父亲又进一步说，在钱家，"书呆子"三字，象征着一种荣誉。就这样，在别人眼中像"书呆子"一样的钱三强坚持不懈地努力，为自己功勋卓著的人生一点点铺开了坚实的道路。

大学者钱锺书也常给人"痴气"和"傻气"的感觉。他上中学时穿衣总是皮鞋左右不分、穿毛衣常常前后颠倒。后来进入清华，衣着依然不够时髦，给人"土气"的感觉，但不修边幅的钱锺书在学习成绩上却大大地优于常人。

在他写《围城》期间，经常和亲戚中的小孩子玩闹，逗他们开心。一个登上学术圣殿的人竟是如此童真，或许这就是人们口中的"大智若愚"吧！

> # 功被天下，守之以让
> **翻译：** 即便功高盖世，也要以辞让自处。
> **注释：** 被：覆盖。
> **精神核心：** 大有若无。

|钱氏故事|
钱学森

钱学森先生对中国科学事业的贡献几乎是其他科学家难以比拟的：他是我国导弹工程和航天工程的领路人，这样的贡献就像牛顿和爱因斯坦一样，功在当代，利在千秋。

作为一位功勋卓著的伟人，钱学森却一直过着简朴的生活，晚年更是功成身退、深居简出，唯独保持着读报纸和听广播的习惯。钱学森自从上世纪 50 年代搬入航天大院后，经常有人动员他搬家，但都被婉拒了。70 岁以后，钱老辞去了大量国家领导人级别的职位和头衔，他在各大院系只愿任副职，以便能全力以赴进行科学研究。

钱学森先生功盖千秋，却丝毫不为名利所累，过着宁静淡泊的生活，这正是"大有若无"的境界。

勇力振世，守之以怯

翻译： 即便勇猛无双，也要以胆怯自处。

注释： （1）振世：震动当世。（2）怯：小心谨慎。

精神核心： 大勇若怯。

| 钱氏故事 |

钱穆

钱穆先生的一生并不仅仅埋首书斋、不问世事，他是一位具有强烈经世意识的学者。

抗战爆发后，钱穆有感于日寇侵逼、山河破碎，他在这一时期所著的《国史大纲》，是当作抗战救国的教科书来撰写的，书中的民族意识特别强烈。钱穆的这一做法在民族精神的层面上为国人的抗战注入了强心剂。

1944 年抗战后期，豫湘桂战役打响，钱穆为了鼓励青年从军，特撰写《中国历史上青年从军先例》刊登于《大公报》，呼吁时势造英雄。此文信念坚定、气势磅礴，对当时青年从军的影响很大。

钱穆重视文化的力量，他的"勇"，体现在著述演讲、弘扬文化、激扬民族精神，这种方式看似平和、温文尔雅，不似投笔从戎，也不似科技救国，但他焕发出的精神力量却是无比强大的，他以独特的方式展现了一代学人大智大勇的风范。

富有四海，守之以谦

翻译：即便富有天下，也要以谦恭自处。

注释：四海：全国，天下。

精神核心：谦恭。

|钱氏故事|
钱镠

钱镠是五代十国时期一位很有才能的君主，在他的治理下，吴越国成为了中原战乱频繁大背景下的世外桃源。

定都杭州以后，吴越王钱镠想要重建王宫。一位术士说，如果在填平西湖的新址上修建宫殿，则钱氏江山的命数可以增大十倍。按这位术士的推测，吴越国可以绵延千年，可钱镠丝毫不为所动，哈哈大笑说：杭州的百姓世代依赖西湖水灌溉和生活，若填平西湖，就没有了百姓，又哪里来的吴越国和王宫呢？钱镠非但没有填湖，还耗费大量资源和人力对其进行治理和疏浚，而在建设杭州城的过程中，西湖也越来越显现出其不可替代的作用。

得益于钱镠明智与豁达的选择，西湖才得以保存至今。作为一国国君，在面对传国千年的巨大诱惑时，他选择了将资源和福祉留给百姓，如此"富有四海，守之以谦"的低调态度，实在令人敬佩。

庙堂之上，以养正气为先

翻译：朝廷中，要把培养刚正气节作为首要。

注释：庙堂：朝廷。

精神核心：正气。

|钱氏故事|
钱穆

钱穆9岁考入无锡果育学校，遇到了同族的革命党人钱伯圭，钱伯圭成了钱穆政治上的启蒙老师，教导他革命的道理，这些都在钱穆心中播下了正义的种子。从此，"读书不忘爱国"成了钱穆一生的信条。

1904 年—1905 年日俄战争后，两国在东三省重新划分势力范围。钱穆慷慨悲愤，每逢周日上午，便和学校的几位热血青年一起租上几匹马，出城直赴南京城的雨花台古战场，俯仰凭吊。

抗战时期，钱穆通过在西南联大讲授中国通史，向大家阐释中国绝对不会亡的道理。在国难方殷、山河沦丧的紧急时刻，这门课给予人们极大的鼓舞。

钱穆先生的正气，体现在爱国救国的行动上，这种民族危亡时刻展现出来的浩然正气，感人至深。

海宇之内，以养元气为本

翻译：普天下，要把培养元气生机作为根本。

注释：元气：国家或社会团体得以生存发展的物质力量和精神力量。而对于个人来说，元气可以差不多理解为"养生"。

精神核心：元气。

|钱氏故事|
钱锺书

钱锺书先生晚年时，用十六个字概括自己的长寿秘诀和养生之道，即为"幽默风趣、淡泊名利、夫妻情深、童心童趣"。

钱锺书先生在长篇小说《围城》中，由他创制的比喻近千条，让人叹为观止。而在日常生活中，他的幽默也俯拾皆是，体现了他作为一个学人的睿智。

钱先生和夫人杨绛的感情非常融洽。即便在"文化大革命"中，夫妇二人被下放，残酷的环境也并没有消磨他们的爱情，两人或雪地探亲，或隔溪幽会，感情甜蜜犹如新婚。这样亲密的夫妻关系为他们的健康长寿打下了牢固的心理基础。

钱老还时刻保持着一颗童心，经常和女儿玩一些小游戏，笑口常开，乐在其中。秉持着这样的养生之道，钱锺书先生享年88岁，度过了长寿而伟大的一生。

务本节用则国富，进贤使能则国强

翻译： 抓住生财根本努力节约开支国家就会富足，选拔任用德才兼备的人国家就会强大。

注释： （1）务本节用：抓住生财根本尽量节约开支，即开源节流。务本：古代经济以农为本，务本就是搞好耕织根本，努力创造财富。节用：有计划地合理消费，节约开支。出自《荀子·成相篇》，原文是"务本节用财无极"。（2）进贤使能：举荐贤者，任用能人。进，推荐、选拔。使，任用。贤，有道德。能，有才能。也叫"进贤任能"，出自《礼记·大传》，原文是"圣人南面而听天下，所且先者五，民不与焉。一曰治亲，二曰报功，三曰举贤，四曰使能，五曰存爱。"

精神核心： 进贤使能国富强。

| 钱氏故事 |
钱学森和孙家栋

中科院院士孙家栋是我国著名的运载火箭与卫星技术的专家。1958 年，留苏的孙家栋响应国家"搞人造卫星"的号召归来，并根据自己的研究成果发表了《对苏联发射卫星采用火箭的猜想》一文，引起了钱学森的注意。

　　1967 年，我国要加快人造卫星研制的速度，加强卫星总体工作。钱学森立刻向中央领导推荐了当时非"红五类"出身的孙家栋，他坚持认为孙家栋爱国敬业，是一个不可多得的、有培养前途的中青年专家。当时年仅 38 岁的孙家栋也没有辜负钱学森的信任和期望，在他担任卫星总体技术的总负责人后，详细考察了各部门有特长的技术骨干组成核心团队，这就是后来的"航天十八勇士"。

　　钱学森对孙家栋的工作十分支持，在他的指导和关怀下，孙家栋得以全心全意投入到科研工作中去。1970 年 4 月，"东方红一号"卫星一举发射成功。此后，孙家栋又担任了大量人造卫星和探月工程项目的总设计师。钱学森的"进贤使能"让孙家栋脱颖而出，使我国的航天事业得到了更快的发展。

兴学育才则国盛，交邻有道则国安

翻译： 兴办学校培养人才国家就会昌盛，与邻邦交往信守道义国家就会安定。

注释： 有道：有道义，守道义。

精神核心： 兴学育才则国盛。

| 钱氏故事 |
钱基博、钱锺书、钱瑗

钱氏家族对教育的重视可以说是无以复加的，他们不但重视对子女的教育，而且自身也投身于教育行业。

钱基博是民国时期著名的古文学家、文史专家和教育家。他一生从事教育事业，先后在小学、中学、大学工作过，培养了无数人才。钱基博的很多教育理念都很先进，他提出的"教育救国需先重视师范教育"等思想，对后来教育理念的进步有着很大的指导和借鉴作用。

钱基博的长子钱锺书也长期从事教育工作。从 1938 年留学回国后，钱锺书就在清华大学任教；40 年代困居上海期间，任教于震旦女子文理学校；1945 年抗战结束后，任上海暨南大学外文系教授；1949 年新中国成立后，钱锺书回到清华任教，直到"文革"开始。钱先生的夫人杨绛留学英法回国后，也长期从事教育工作，先后任教于上海震旦女子文理学院和清华大学。

钱杨夫妇有一个独生女名叫钱瑗，毕业于北京师范大学俄语系，精通英、俄两种语言。她长期在母校执教，直到

1997 年病逝。

　　钱基博、钱锺书、钱瑗一门三代都投身教育事业，这种献身教育、为国育才的精神令人赞叹。

后　记

提到家书家训，我们往往会想到《颜氏家训》《曾国藩家书》《傅雷家书》等古今名门之作，当代还是空白。

本书专门有一个章节，收录了一位当代企业家的治家格言和家训，这是我们家文化研究所的一次探索和尝试。自改革开放以来，像车建新这样白手起家的第一代企业家甚多，这批企业家一方面在思考，创业过程中是否受到了原生家庭的影响——所谓家风；另一方面也在总结，有什么处世原则要传承给后代，以葆家族长盛不衰——所谓家训。

车建新对于家训的思考，很具有代表意义，也有一定的借鉴意义，为新时代家文化的建设提供了一个鲜活的案例。

可贵的是，车氏家文化的建设，不光有文本，更有实践。他们用心打造学习型家庭，每年国庆、元旦假期，举行专题学习和培训，全体家庭成员参与，人人竞相登台分享。

车建新的一篇文章中记述——

"我家原来过年，年初一在大哥家，年初二在二哥家，年初三在我家，年初四在妹妹家，年初五在弟弟家，年初六在舅舅家，年初七在阿姨家……甚至可以一直吃到正月十五。

但现在我们哪有时间一家一家地换着吃，都是把大家聚集在一起吃饭。年初一，我们兄弟姐妹五个家庭，包括第二代的小家庭，一共四十几个人在一起吃团拜午餐，吃饭的厅里有安排话筒和讲台，然后让大家上去发言，从上午10点开始，一直到12点都是总结，每个人都讲一下这一年做了什么，工作的就总结工作，学习的就总结学习。

大家讲完了，我会点评一下谁做得好，然后给他们表彰、发红包，并且合影，获奖的人再讲一下获奖感言，最后是小朋友和大朋友表演。

每年的清明节，我会与阿姨、姑姑、舅舅、表弟、表妹以及他们的子女，共6桌人，大家一起吃顿饭；然后每年的9月份，像年纪大的阿姨、姑姑、舅舅、表弟、表妹等，我会帮他们在上海做一次体检，并在体检的隔天晚上，请他们吃一顿饭。

我家里的活动，每年都是这样安排的，每年吃饭聚三次，过年一次，清明一次，体检一次；然后每两年我会和师叔、师妹和客师聚一次，再请他们一起吃顿饭。其他时间，我都和工作上的朋友在一起，差不多有二十多年了，我是一直这样做的。"

从这段文字可以看出，车氏家文化受惠的已是很大一个群体，其教育意义和示范作用不言而喻。

本书的尝试只是抛砖引玉，我们期待更多当代家文化建设的案例涌现，开花结果，福泽绵长。

本书在成书及面世过程中，得到了上海长三角商业创新研究院负责人蒋易君老师、家文化研究所所长钱旭东老师的悉心指导，以及杭州何丹、周华诚两位老师的倾力支持……余不赘言，深表谢意！

家文化研究所　任兴勇